国家出版基金项目
NATIONAL PUBLICATION FOUNDATION

"十二五"国家重点出版物出版规划项目

走向世界丛书

主编 钟叔河 曾德明 杨云辉

FROM EAST TO WEST

刘学询 考察商务日记
黄 璟 考察农务日记
罗振玉 扶桑两月记
罗振玉 扶桑再游记

周功君 校点

岳麓书社·长沙

本册总目□

□

罗振玉扶桑两月记

□

罗振玉扶桑再游记

丛书新序□

钟叔河

二〇一三年十月

“走向世界丛书”一百种，只收晚清时期 from east to west（从东方到西方）的记述，这并不等于说，只有十九世纪末二十世纪初的中国人，才需要面对走向世界的问题。

纵观人类历史，走向世界决不是什么地区性和阶段性的活动，而是不断出现在全人类发展进步过程中并与之同步的历史现象。一百万年前，人类开始从非洲进入亚洲和欧洲，一万年前，又从亚洲进入北美洲和大洋洲，就是在不断地走向世界。

从有史以来的文献、文物看，三千多年前的《奥德赛》和《出埃及记》，说的是古希腊人和以色列人走向世界——走向地中海和巴勒斯坦。两千多年前的《史记》和《汉书》，写了张骞和后来汉朝“益发使”走向世界——曾走到罗马在西亚的边陲。一千三百年前的《大秦景教流行中国碑》、七百年前的《马可·波罗游记》和四百年前的《利玛窦中国札记》，记下了阿罗本、马可·波罗、利玛窦的 from west to east，这和 from east to west 一样，都是在走向世界。

人类曾因地理、种族、制度、意识形态等原因而互相分离，甚至隔绝。夜郎国的君长初见汉使时问：“汉孰与我大?”当是时，夜郎的世界僻处黔西，其“大”可知；连夜郎都未入版图，则汉之“大”亦远不如今之中国。但人为万物之灵，为了求生存谋发展，总不能老守着自己的一亩三分地，总会要想方设法走向世界——走向更广阔的外部世界。于是，汉要“通西南夷”，要前往原来“道险终不能有”的夜郎；夜郎要问“汉孰与我大”，要想改变原来“不知汉广大”的状况。由互相隔绝变而互相接近，互求了解，这就是走向世界。

走向世界，无论是自己走出去还是让别人走进来（总比让别人杀进来好），无论是主动的还是被动的，从总的历史进程看，用大的历史眼光看，都有利于发展，都是一种进步。对汉朝来说是如此，对夜郎来说亦是如此。两千年前是如此，两千年后亦是如此。上世纪七十年代末开始编辑出版“走向世界丛书”时是如此，如今来继续编辑出版这部丛书时亦是如此。

今天的中国已不再是七十年代的中国，虽然仍称发展中国家，经济总量却早已“超英”，正在“赶美”，但走向世界的路还“漫漫其修远”。时至现代，走向世界当然是要走向现代化的世界，也就是要高度现代化，全盘现代化。“四个现代化”的“四个”——工业、农业、科技和国防，已经“化”出了很大的成绩，而我们的管理现代化，我们的服务现代化，我们的制度现代化……要走的路的确还很长。

现代人走向世界，首先要使自己成为能接受全球文明，有世界知识，有世界眼光，有世界理想的人。“走向世界丛书”杰出的作者，如郭嵩焘、黄遵宪……又如邹代钧、金绍城……他们看到的新技术还是德律风（送话器和最早的手摇电话机)、火轮车（蒸汽机车）……我们如今却已经用上了智能手机、坐上了波音飞机……但在思想层面上，我（不敢称我们）反省自己的世界眼光和世界理想，甚至在世界知识的某些方面，比起一个多世纪以前的郭、黄他们来，差距实在还不小。在这方面，也就是人的现代化这方面，要走的路就更“漫漫其修远”了。

五年前北京奥运会的成功举世公认，它已经成为中国走向世界的一大标志。它的口号：

ONE WORLD，ONE DREAM

“同一个世界，同一个梦想”，这也应该是现代人走向世界的志向和目的，是我们继续编辑出版“走向世界丛书”的志向和目的。

丛书原序

钟叔河

一九八〇年七月

人们常说，今日之世界，乃是一个“迅速缩小的世界”（rapidly shrinking world）。在电视卫星、激光通信和喷气式客机的时代，地球之上各地之间的距离，确实好像越来越短，人们相互间的接触和交流，也越来越方便和密切了。

可是，仅仅在几代人以前，异国还显得那样的离奇和遥远。古代欧洲人说，中国人用小米和青芦喂一种类似蜘蛛的昆虫，喂到第五年虫肚子胀裂开，就从里面取出丝来（Pausanias《希腊纪事》）。古代中国人则曾经相信，西方有种羊羔是从泥土里生长出来的，脐带还连着大地（《旧唐书·西戎传》、《渊鉴类函·边塞部九》）。这类海外奇谈，今天听起来简直不可思议，而在过去上千年中，却一直被当作可信的资料，记载在欧洲和中国的史书上。由此可见，人类文明的发展，经历了一条何等漫长曲折的道路。

为了探索和开辟外部世界，丰富自己的物质和精神生活，各国人民都作过许多贡献。人类文明史像叙说伟大的发明家和著作家一样，将永远铭记着张骞、玄奘、马可·波罗、哥伦布等不朽的名字。我们甚至可以这样说：一个民族从中世纪到现代的历史，也就是它打开眼界和走向世界的历史。

历史的发展从来是不平衡的。当黄河、长江已经哺育出精美辉煌的古代文化时，泰晤士、莱茵和密西西比河上的居民，还在阴暗的原始森林里徘徊。而自从地理大发现和产业革命以来，中国却相对地落后了。在西方实现资本主义的现代化以后，中国还是一个基本上同外界隔绝的古老国家。是鸦片战争打开了中国的大门，也打开了中国人的眼睛。人们称林则徐和魏源为清代最早“开眼看世界”的人，因为西方的坚船利炮打到中国来时，他们首当其冲，亲身感到这个世界在缩小，距离和壁垒再也不能将异国隔离开了。

过去时代的中国读书人，在“严夷夏之大防”

的社会里度过了上千年。封闭的外壳被打破后怎么办？守旧派的办法是把脑袋钻进沙子里学鸵鸟，像慈禧太后的大学士徐桐，见到洋人就以扇遮面。就是这个徐桐，在庚子年间焚香叩请骊山老母下凡来“杀尽洋人”，结果骊山老母没有下凡，他自己的老命却白白送掉了。而林则徐和魏源则不同，提出要“师夷长技以制夷”，主张学习外国的长处，以对付外国的侵略。要学习，先得了解，于是林则徐编了《四洲志》，魏源编了《海国图志》。虽然他们未能亲身出国去考察，书的材料靠间接采辑而来，难免有许多谬误，但无论如何，地里长羊羔之类的神话毕竟不得不逐步让位给常识了。

林、魏之后，中国才开始有读书人走出国门，到欧美日本去学习、访问和工作。容闳、王韬、郭嵩焘、黄遵宪和严复等人，要算是最早的。接着出国的人渐渐多了起来，尽管其中不少是奉派而去的政府官员，但既然去了，就不会不接触近代—现代的科学文化和政治思想，也就不可能不在中国发生影响。

“走向世界丛书”专收一九一一年前国人亲历欧美和日本的记述。自从一八四〇年鸦片战争失败那时起，先进的中国人，经过千辛万苦，向西方国家寻找真理。应该说康有为和在他之前的郭嵩焘、王韬、容闳等人，的确代表了近代中国向西方寻找真理的一派人物。当然，丛书所收的，也并不全属先进的人物的作品；但总而言之这些都是中国人从东方走向西方的实录，自有其文化的意义和历史的价值。

必须指出的是：从鸦片战争到五四运动这一历史时期中，西方国家虽在许多方面比中国先进，值得中国人学习，但国家利己主义的本质，却总是要压迫剥削比他们落后的民族的。中国人走向世界、接触西方，既有一个学习外国长处的问题，又有一个抵抗外国侵略的问题，盲目排外和盲目崇外都是错误的。对于某些作品中不免流露的这类观点，我们将在为各书撰写的叙论中，适当地作些分析，供读者参考。

“洋为中用”是我们今天的主张，也是十九世纪先进的中国人的主张。“师夷长技以制夷”，不就是“洋为中用”吗？当然，随着接触和认识的逐步深入，人们慢慢地看出：仅仅学一点“长技”，搞一点坚船利炮，还是不行的；要救国，只有维新，维新行不通，就只有革命。伟大的革命先行者孙中山，用他自己的话来说，也是在一八七八年出国以后，“始见轮舟之奇、沧海之阔，自是有慕西学之心，穷天地之想”，才树立了推翻清朝建立民国的大志和信心。历史无情亦有情，后人的思想和事业肯定要超越前人，但前人的足迹总可以留作后人借鉴，先行者总是值得纪念的。

今天的世界已不是十九世纪的世界，今天的中国更不是清朝末年的中国。今日之中国，已经逐渐以现代的面貌，出现在世界的东方。但是，世界的进步越来越快，中国的经济和文化等许多方面还需要不断地发展和提高；这就必需继续打开眼界、走向世界。打开眼界以后，还要学会分析，分清好的和坏的。一切好的东西，要拿来为我所用；一切有害的东西，要实行抵制和预防。在这方面，前人的经验和教训，有一些也仍然值得我们注意。

谨将这套丛书奉献给爱好历史和文化、关心中国和世界的读者，希望它能在中国现代化的过程中，起到一点微薄的作用，是为序。

丛书凡例□

一、“走向世界丛书”一九八六年前已刊三十五种，二〇一五年起仍按原定一百种的计划继续刊行，仍然专收现代以前用文言写作的国人考察西方（含开国后的日本）的记述，仍以亲身经历、直接闻见者为限。

二、丛书按作者出国年月排列次序，尽量单行，即以一种为一册；字数过少无法单行者，才以两种或数种合订成册。合订本尽可能以类相从，按第一种出国年月排序；其各种均在封面列出书名，书脊则只列出第一种书名，并在其下注明“等几种”（另有附录者则注明“附几种”）。

三、每种（册）书前，均由编校者撰写导言（叙论），介绍作者有关背景和书中重要内容，酌加评论分析，以供读者参考。

四、丛书均经编校者校订，标点分段，并加边批。边批的内容主要包括三个方面，兹以《随使德国记》为例，举示如下：

1. 标题、提要和说明，如“星使由苏州来”、“普鲁士分一十二省”、“演八十日环游地球的故事”、“如夫人即赛金花”、“‘人工’今皆称工人”。

2. 书中较重要的译名（加括弧注出原文或今译），如“德璀琳（Detring）”、“毕驷马（俾斯麦）”、“布莱门（不来梅）”、“德利风（电话）”。

3. 原文的订正和存疑，如“‘公司船’原无船字”、“‘骁勇’原作‘骑勇’”、“‘薛福成’成字原作辰”、“奥京立斯本应是维也纳”。

五、每种书后，均附人名索引，人名依首字笔画和一丨丿丶乚排列，按年、月、日三节数字查检（正文单页码下均有年、月、日三节数字备查）。如德璀琳之“德”字为十五画，于索引“十五画”内检得其名下首列“13，8，17”，查正文“13，8，17”在P.3下，即可在P.3上找到

（光绪十三年八月）十七日“乘肩舆往拜税务司德璀琳”的记载。

六、每种书后，一般附有译名简释（今昔译名对照，必要时并加说明），亦依首字笔画和一丨丿丶乚排列。如“卜兰墩浦 Brandenburg，勃兰登堡”，又如“勺勾腊 chocolate，巧克力”。

七、人名索引和译名简释的条目，并不限于边批中所举者；边批中所举者，则必皆收入索引和简释。

八、人名索引按年、月、日三节数字查检，其原书不著年、月、日者，则按篇章序号或页码查检。

九、原文因排印（抄写）而出现的明显的文字错误径予改正，不在边批中注出。

十、原文中同一外国地名而译文不一，如缪祐孙《俄游汇编》中“彼得堡”就有“比得堡”“彼德堡”等异文，因其无碍阅读，故一仍其旧，不予统一。

十一、原文中之统计数字亦一仍其旧。有的表格中之中文或汉码数字，为方便阅读，改为阿拉伯数字。个别已经失去时效、并无参考价值的统计表格，则在说明情况后删去。

十二、丛书以简体汉字印行。除总序、凡例外，编校者所作导言（叙论）、边批、索引中涉及的数字均按现行规定采用阿拉伯数字。

叙论：从晚清四种赴日考察日记看日本的富强之道□

周功君

近代中国向外国学习有三个高潮：洋务运动时期是向欧美列强学习，甲午战争之后是向日本学习，十月革命之后是向苏俄学习。向欧美和苏俄学习都受到了研究者的广泛关注，研究的成果可谓汗牛充栋。然而向日本学习方面则研究还比较薄弱，研究者较多关注的是留日学生，至于大批官员赴日考察、大规模翻译日文书籍、日本教习在中国的活动等等，研究成果还不太丰富。事实上，甲午战争之后，中国掀起了向日本学习的热潮，从中央到地方都高度重视，尤其是官员赴日考察的规模前所未有，特别是在新政期间，各地总督、巡抚为开地方风气，纷纷派遣知州、知县赴日游历，有些省份还明文规定，凡实缺州县人员，除到任已久不便离开职守外，在上任前均应赴日游历三个月。从昔日妄自尊大，自命为天朝上国，到虚心而热烈地向敌人兼对手学习，这本身就是一个值得研究的文化现象。而这些赴日考察的官员留下的众多日记，不仅描写了日本社会的方方面面，而且不约而同聚焦日本为何能走向富强，为我们深入研究日本以及近代中日关系的历史走向提供了丰富的第一手资料。

收入本书的四部日记，就是甲午战争以后至辛亥革命前夕赴日考察的官员所作，它们是：花翎二品衔、特派专使刘学询 1899 年写的《考察商务日记》（原书名为《游历日本考查商务日记》），直隶农务局总办黄璟 1902 年写下的《考察农务日记》（原书名为《游历日本考查农务日记》），著名学者罗振玉分别于 1901 年和 1909 年赴日考察后写下的《扶桑两月记》和《扶桑再游记》。其中《扶桑再游记》是罗振玉之孙罗继祖先生 1979 年据其祖父手迹缮录一过，计划交湖南人民出版社出版，后因故未能付梓（参见《庭闻忆略 回忆祖父罗振玉的一生》第 38 至 39 页，吉林文史出版社，1987 年版），换言之，此书之前只有抄本，这是第一次公开出版。以下分别对上述各书主要内容及其价值进行介绍和分析。

国家富强之基，本于商务

光绪二十五年（1899），刘学询以花翎二品衔、特派专使身份赴日本考察商务。由于上年 11 月 19 日（光绪二十四年十月初六日），清廷发布一道上谕，内称：“知府衔刘学询、员外郎庆宽，均著自备资斧亲历外洋内地考察商务。”这是迄今我们所知的最早提到派遣刘、庆二人考察商务的材料，此行是自费，目的地未明指。他们为什么有此行，是谁引荐的，目的何在？缺乏明确记述。因此对其东行的真正目的，一直众说纷纭，扑朔迷离，大致有以下说法：

一种说法是执行秘密使命。濮兰德《李鸿章传》认为刘是为慈禧太后执行一项“秘密使命”。

一种说法是刺杀康有为。范文澜《中国近代史》（上册）称刘学询的目的是安排对康、梁的暗杀。

一种说法是为中日秘密结盟穿针引线。孔祥吉认为，慈禧太后对英国与日本在戊戌政变后掩护维新派人士逃脱，非常不满。尤其是康、梁在日本期间发表了大量反对清政府的言论，更激起这位独裁者的新仇旧恨，于是她采纳小人杨崇伊所献“联倭杀康”的阴谋诡计，派刘学询与庆宽等人，携带文物珍品到东瀛去上演了一场中日结盟的闹剧。（孔祥吉 、【日】村田雄二郎著，《罕为人知的中日结盟及其他：晚清中日关系史新探》，巴蜀书社，2004 年版，第 9 页）

日本学者提出，刘学询访日的主要任务，是向日本天皇要求在日扫除康梁一派，但由于李盛铎公使的拼命抑止而未能完成此项使命。

笔者认为，从刘的日记中，亦可看出这不是一次一般的商务考察，而是负有秘密使命：第一，日本驻上海总领事全程陪同其赴日考察，如果仅仅只是一次普通的商务考察，为何日本外交官会全程陪同？第二，刘的级别并不很高，又不是当朝重臣，但在日期间多次会见日本政界的元老重臣并秘密会谈，天皇还对其接见并授以勋章，也反映了其此行非同寻常；第三，刘在日记中对庆宽随同赴日考察讳莫如深，对庆宽只字未提，但依然露出了一些蛛丝马迹。在其6月20日赴东京各巨商之约时，东京商业会议所会头涩泽荣一在致欢迎词时三次提到是二人赴日考察："荷两公不弃，来与斯会……今两公奉命远来，且有联络两国商务盛意……伏望两公此行，多为查考"云云，种种迹象表明，刘学询是为了掩盖其不可告人的目的。

刘学询从6月1日由上海乘坐日本西京丸邮船启程，到8月2日（阳历为7月19日至9月17日）回到上海，访日时间近两个月。他在日本觐见了天皇，还分别拜访、会见了前总理大臣伊藤博文、现总理大臣山县有朋、外务大臣青木周藏、陆军大臣桂太郎、农商大臣曾祢荒助、司法大臣清浦奎吾、宫内大臣田中光显等要人，与他们密谈亚洲时局、中日关系，参观了许多厂矿及商业机构，回来写了一部《游历日本考查商务日记》，由总署代奏。有香山刘氏上海印行本。

明治维新后数十年，日本为何能迅速由贫弱变为富强？这是困扰刘学询的一个重要问题，"日本昔之贫弱犹己也，三十年间由贫弱而几于富强，与诸雄方驾……果操何术而能然者欤?”通过对日本的考察，他认为是重视商务，所谓“强弱之积，其大至于一兴一亡，然其差别乃起于人工物力纤芥之微，而在今日尤系于商务”。

作为首位赴日考察商务的清朝官员（在其6月20日赴东京各巨商之约时，东京商业会议所会头涩泽荣一在致欢迎词时提到：“贵国亦尝派员东渡，然皆为两国交涉而来，从未有考查我国商务之举”），作者在日受到了日本工商业人士的热烈欢迎。尤其是6月20日，东京巨商宴请刘学询，出席的有三井、三菱、日本银行、台湾银行、正金银行等财团首脑，可谓盛况空前。宴会上，东京商业会议所会头涩泽荣一致欢迎辞说：“敝国方里狭隘，物产不多，商务本不足观。然自我国维新之后，君臣上下咸晓然富国必以振兴商务为本，极力经营，今日始略有进步。贵国幅员广，户口繁，出产多，商人又能耐劳苦，若再讲求进步，实环地球商务不能望其肩背。”涩泽还表明了加强中日商贸往来的意愿：“独惜我两国，虽同洲咫尺，而彼此商人未能联络，利权坐失，实属可惜。”他希望刘学询此行“多为查考，归国之日，实力提倡，是我举国商人所跂望也。”刘学询在答词中也表示：“将来中日两国商务联络振兴，即可以诸君子今兹聚会为基础。况两国近在同洲，有辅车相依之势。国家富强之基，本于商务。若乘此两国和好之会，彼此认真联络，毋诈毋虞，则商务之盛，可计日可待”。

日记详细记载了1898年中国商品贸易总额及中日两

国商品贸易额，是研究中国商业史或中日贸易史的重要材料："去年各国在中国商务有三亿万六千八百六十馀万两之多，而中日两国商务不过有四千三百四十馀万两，以两国交易最称利便，而商务止有此数。又查去年各国商船由外国进口、向外国出口，载有货物九百八十二万吨，而日本商船只占八十四万吨。又查各国在中国江海各口岸来往，载有货物二千四百三十万吨，而日本商船只占七十万吨。以两国海程至为近便，而商船来往又止有此数。"因此发展中日贸易大有可为。

农商务省是日本掌管农业、商业、矿业、工业等事务的中央政府部门，于1881（明治14年）1月设置，中国则是1903年才设置商部，1906年将工部并入商部，改称农工商部。换言之，中国迟了二十多年才设置专门管理商业的中央机构。刘学询会晤了农商务省大臣曾祢荒助，并在日记中介绍了农商务省的机构设置及其职掌。

银行对一国商务发展有至关重要的作用。中国第一家银行——中国通商银行迟至1897年才设立，是由盛宣怀奏办的。刘学询拜访了一些日本银行家，不厌其烦地向日本银行家请教。台湾银行督办添田寿一向其详细介绍了银行的作用，"先言本银行设立之意，再言银行有益国家，有裨商务。并言日本从前未有银行，财政、商政上下交困，近日国家官商合力整顿，交受其益，力劝中国宜极早筹办，免利权全归外人。国家遇有大举动，大兵役，大工程，全借外人之财，即授外人以柄"，"洋洋洒洒数千百言，颇有肺腑相示之意”。日本银行总裁山本达雄则向其介绍了日本银行的发展经过，日本“初无银行，明治五年官定国立银行条例”，“商家于是争相开设，多至百五十馀家”，但是众多银行过于分散，货币又不相流通，于是日本政府对这些银行进行整顿，设立国家银行——日本银行于东京。山本达雄还“深望中国及早开办”银行，“实于国计商务有裨”。刘学询还参观了日本银行的地库(即金库)，“周围砌壁，以石地镶小铁轨，便于运送。并设有发电机器，燃灯、送风皆由电机发动，虽在地室中，无黑暗潮湿之虞。库凡十有三，库门置锁钥两重，外重有设一时表者，某时库启，必用某钥乃能启之，易他钥不能启也。启时内有监掣，外有护兵，启闭后封志其上，防弊之法至严密也”。不仅如此，地库之外还“周以水渠，宽仅数尺而深逾寻丈，遇不测，则开机器引水灌渠，使库宛在水中，莫之能为”，金库严密的防范措施给其留下了极为深刻的印象。

其六月十三日记，详记三井银行的来龙去脉：“赴三井银行，查考该银行规制。又查看三井绸缎庄及现造铁行工程，并银行抵押货物仓库。按三井银号创建在延宝年间(中国康熙初年)。当时日本闭关谢客，商务未兴，无人知有银行汇兑之法。惟三井宗族创银号于江户（今改东京）及大阪之三府，资本殷实，名誉灼然。明治维新后，新定银行律例，遂遵章改两替店（汇兑银号）而为银行，并参酌西法，以变通尽善。迨政府重订商法律，专为保护商民一切营运产业。该银行复遵新律，推广经营，以裨商政，而益国库，而三井银行遂为国内最大银行中之一……三井氏于银行外，尚有经营各种事业，曰三井物产公司……曰三井矿务局……曰三井绸缎庄……曰三井地段局……三井工务局……现又改造铁行工程，已阅三年，再逾二年而始成，全用铁质，工费浩繁，拟将各业办事处归并一起，以期气脉相通，而收妥捷之效。”对三井银行的开办经过及兼营各种事业进行了详细阐述。

三菱、三井是如雷贯耳的日本工商业巨头，为何能快速发展？明治维新时期曾毁家纾难是一重要原因，六月二十五日日记曰：“三菱公司东主岩崎弥之助男爵来晤……当其国家维新时，与三井曾毁家纾难，故日本商务以两家为巨擘，而国家亦极力保护之。叔侄二人积有家资数千万，实为日本巨家。”

刘学询在日本参观了不少商品陈列所和劝工场。从长崎登岸，他就去参观长崎商品陈列所，该所为农商务省开设，虽然规模粗定，“然观其罗列本土制造之宜，俾工艺有所师法，日新月异，各极功能，深得古人劝工遗意。”他两次到东京商品陈列馆参观，看到日本各种商品“贵值千百，贱值毫厘，别类分门，各注工商姓名、价值于其下”，不禁赞叹：“非仅有以激劝工商，抑且借以维持商务，法至善也。”六月二十三日记载一处劝工场盛况：“往查芝区劝工场。地广数十亩，上覆屋瓦，下层折如廊。凡有新奇器具者，许于此设肆交易，价皆划一，虽使五尺童子适市，莫之或欺。每物一种，列为一肆，如金、银、铜、锡、铁器，竹木器，磁瓦器，髹漆器，各从其类，每类数十家。非物之佳者不入场，即入场亦无过而问者。其设是场也，欲使人各竭其智巧以争胜，所以奖其能，而愧其不能。”对于劝工场价格划一、分类陈列、展示精品，“欲使人各竭其智巧以争胜”是非常赞赏的。

他在日本参观了许多工厂。在日本印刷局所属机器抄纸所，他参观了造纸的全过程，深感日本造纸“欧洲不如”，甚至中国的纸币也在该厂印刷，湖北省“定造纸币一百万圆，业已绘样开造”。他还考察了一家日本酒厂——惠比寿麦酒会社，该厂规模极大，制法精良，获利尤厚。过去日本要从西洋大量进口麦酒，后来日本创设公司，自行仿造麦酒，不但“西洋麦酒不能行销日本，而日本麦酒转可行销于中国各口岸，并渐推广至南洋群岛”。这家公司生产的麦酒之所以畅销，就在于“制造精美，酒与欧洲相等，而价转较欧洲为贱也”。此外，他还参观了莫斯林毛织会社、镜渊纺织会社、足尾铜矿、炮兵工厂、电话机器工厂、川崎船厂等处，对日本工商界人士提出的“富国必以振兴商务为本”、“裕商即以保国”十分赞赏，认为“持论正大，尤足令人起敬。”这大概就是刘学询所找寻到的日本富强的原因吧。

日记中有些记事颇有意思，可补正史之阙。如六月二十一日日记，记赴总理大臣山县有朋午餐之约，“席散移坐于椿山庄，树林阴翳，如置身深山，悠然意远。山县侯爵复自导登山巅，憩于松下小亭。侯爵以武功起家，昔年征内乱时，战于松林，枪弹中林木如蜂房蚁穴，殊恶战也”，这样的掌故，只怕日本史书都未必有记载。又六月十七日的日记记载有家日本机器所，“专仿西式衣袴、巾袜，美商多购运至中国口岸，易西洋牌子以愚华人，利其价廉而神似也”，一方面说明西式衣裤在中国畅销，另一方面可看出日本厂家和美国商人仿冒西洋品牌愚弄中国消费者。

刘学询擅诗，日记中与扶桑诗人墨客唱和酬答之作甚多，日本诗人森泰槐南、日本书画家永坂、子爵长冈护美均与其有酬唱之作，这是中日文化交流史的重要材料。

刘学询，字问刍，号耦耕。别字西湖水竹居士。广东香山（今中山市）人。广州巨绅。其一生颇具传奇色彩。其大事主要有从事闱姓特许经营、充任秘密访日的特使、协助李鸿章主政广州、赞助孙中山。光绪十二年（1886）考中进士，是广东文坛的“四大金刚”之一。早年他在广州包办“闱姓”彩票，成为巨富。所谓“闱姓”，就是利用科举考试，竞猜中榜者，也叫“卜榜”。刘学询作为这一行业的骨干，“其金钱势力以左右士子之成败，及官吏之进退，典试者莫不仰其鼻息。”迅速暴富起来的刘学询以杭州胡雪岩为榜样，娶了十二房美妾，并在广州西关荔湾建起了一座“刘园”，极度奢华。因此，他很快为自己赢得了“刘三国”的称号，即“文可华国，富可敌国，妾可倾国”。1899 年以考查商务为名充任赴日特使，真实目的是谋刺康有为，虽然遮遮掩掩，还是风声走漏，康梁等保皇党人对其恨之入骨，次年4月24日，刘学询从澳门回广州时，被保皇党的刺客击中胸口，刘学询幸亏衣服穿得较多，才捡回了一条性命。他曾入李鸿章幕府，“庚子拳乱”，刘学询极力怂恿李鸿章和孙中山联合，趁乱搞“两广独立”，李鸿章权衡一番，最后还是决定北上勤王，重揽大权。作为清朝的官员，他在孙中山的革命活动中曾多次提供财力支持。纵观刘学询的一生，在政商各界如鱼得水，在朝廷及革命派之间左右逢源，说其是近代中国政坛一个变色龙，也许恰如其分！

刘学询生卒年说法不一。张宪文、方庆秋等主编的《中华民国史大辞典》“刘学询”词条对其生卒年付诸阙如。对日记最有研究的陈左高先生所著《历代日记丛谈》介绍刘学询时也只是说“清末香山人”，未提及其生卒年。中山市人民政府地方志办公室编的《中山市人物志》记其生卒年为1860—1936。朱彭寿《清代人物大事纪年》，则说刘是1855年出生，到1935年去世，活了八十岁，应该是准确的。

富国先从足食谋

光绪二十八年（1902），直隶农务局总办黄璟奉直隶总督袁世凯之命，以花翎二品顶戴，奉派考察日本农务。在自序中，黄璟提到受命赴日考察农务的缘起，是直隶总督袁世凯“受天子命，奋志维新，孜孜振兴，无废不举。其于农政尤所关怀，殆以中国贫匮至今已极，不于首善之区创兴农学为天下先，则异日裕度支、资生计、足建中兴之业者，必将无以植其基。”因此才派黄璟“游历日本，购采农具，取彼新法，改我旧习。”

6月21日，黄璟从保定西关启程，乘坐“火轮车”入都，办好前往日本的一应琐事，转赴天津，从大沽乘轮赴日。28日至日本马关登陆。沿途视察了冈山县的中小学、物产陈列所、兵库县的测候所（按：即气象观测所）。至7月4日才到东京，访问了外务省、农商务省等。至7月8日抵涩谷，参观了农科大学试验场。其后参观了各地的农作试验场、造纸厂、农业地质调查所、博物馆、植物园、监狱、养育院等。9月1日乘日本陆军兵船“长门丸”返程，至6日回到天津，行程两个多月。赴日考察期间，他把所见所闻，包括“道路、山川、人情、风土，以及交际往来，酬唱宴饮一切琐事，逐日笔之于册，编为日记。”即《游历日本考查农务日记》。黄璟恭缮一册进呈朝廷，而以副本付之排印。他在自序中说：“欲天下之阅是书者，知璟言之足征，而中国之改良进步，将与我友邦并峙乎亚洲，安知不基础于农务，而以是书为嚆矢耶，是则璟之极愿也。”

日本在明治维新后，短短数十年，就走上了富国强兵的道路，原因何在？在黄璟看来，日本先进、发达的农业是一个至关重要的原因。其赠游历官、县丞秦辉祖诗中说得很明白：

> 风景依稀似粤东，此邦旧有古人风。
> 请看截发易服后，百度图新众志同。
> 岂是东邻岁有秋，须知水利胜中州。
> 我来学稼教民稼，富国先从足食谋。

大力发展农业，丰衣足食，才有可能富国强兵。黄璟一到日本就对日本的农业和新政赞不绝口："入其境，见夫田畴井井，厘若画图，男妇勤能，风物都美，古所谓野无旷土，国无游民者，不图得于今日遇之。"简直把日本描写成世外桃源。不仅如此，而且"遍国中学校如林，铁轨如织，无人不学，无学不精。凡商业、工艺、武备、警察、开垦、矿产诸大政，靡不悉心筹计，不稍留缺憾于纤微。宜乎以区区三岛，向称积弱之国，不四十年，巍然足与泰西诸大国相颉颃，夫岂幸致也哉？要亦处心积虑者久矣。"

黄璟在日本认真考察农业，并对中日农业发展进行比较。他看到日本农田"夹道皆水田，稻约尺许，种植疏密，与中国同，而泉流不竭，粪多力勤，地利人功兼而有之，此中国所不及也。"他细心观察日本农作物种类和如何利用土地和肥料，"旱地亦种瓜豆、粟谷、高粱、玉米等类，隙地种莲、种芋、种蔬，无尺寸荒芜。田间建亭.储肥料，随时撒用"。日本林业与绿化也搞得很好，"树木葱秀，山麓至绝顶，大小皆松道，旁松亦成行势，盘曲可爱，皆经人力培护者。"

在涩谷农科大学试验场，他参观了农产物制造所、农具制场、标本陈列所、养蚕室、养鱼池等共四十八处。他看到日本农业非常注重试验，“田间植稻为多，杂粮各有区别，桑若干种，杂树若干种，产于何处，均有标记”，“其稻种、土质、肥料各别，以资试验”，深感培养良种、改进土壤和制造肥料之重要，“大致以辨土质、制肥料为先务之急”。他对日本农具也非常留意，到一个机械厂“察看农具，多与中国不同，西洋制者较坚”，日记中多处留下“查看农具”、“议购农具”的记载。

在茨城县各界的欢迎宴会上，当地农业学校校长三宅铿吉首先致欢迎词说：“敝国维新后始讲求农务，尚无可观。贵国地广人稠，如果实力为之，必较敝国事半功倍。今公虚怀探访，不识能裨益于贵国否？”黄璟致答词说：“贵国农务日有进步，敝国早有所闻……及到贵县，窃见人功水利兼而有之，是为敝国所不及。”并表示“今兹取法一切，并聘订教习，购求农具，将来富国强兵亦基于此，贵国之惠也。”他还即席赋诗一首：

张筵喜我远来游，我道司农善运筹。
山借森林作衣被，民将精力付田畴。
不容阡陌留馀地，赢得闾阎庆有秋。
漫道农桑新法好，天时水利在人谋。

认为日本农业的成功，主要在于日本人民的勤劳与智慧。他在赴日前的一首诗中也这样写道：

一帆何事到蓬莱，道是樊迟学稼来。
莫讶天心私雨露，良田毕竟在人培。

除了农业发达，日本商业也非常进步，“此间商业之富，由于销路广，制造多，则游民少，故男妇各有营生之路，绝无流为乞丐者”。日本的新闻业也很发达，“沿途居家男妇无不手持新闻纸，皆识时务也”。交通便捷，“街市俱修马路，乡曲小路亦铺沙石，不染尘泥。火车络绎往来，街市有电气自行车、人力车”。此外银行业亦很发达，书中多处记载至日本正金银行取银元并汇票以及换汇票。而这一切，都为当时的中国所不及。

黄璟的有些记述，不细心体会是难以深刻理解的。如他在东京浅草寺动物所参观时，见到大象表演，“此象听人指挥，舞蹈作戏，或以鼻捲红毯，拂其四蹄，而蒙其首为妩媚状，始授食，庞然大物亦甘为人戏弄耶!”清末的中国，何尝不是一头动物所的大象，成为任人戏弄的庞然大物！只是黄璟并不悲观，他从日本的变法图强看到了中国的希望，认为中国“地广民众，弁于五洲，倘能尽仿而行之，其富强当未可量。”

黄璟对于在日本的中国留学生也非常关注，日记中记录了其和章宗祥、曹汝霖、杨度等人的交往。其7月19日的日记记载：

> 同秦辉祖至支那留学生会馆。识章宗祥、曹汝霖、范源廉、陆士（按：应为世）芬、沈琨、何厚倜等，留饭并赠《同瀛录》（光绪二十七年十二月调查，共二百八十馀名，今年倍之）、《会馆章程》、《政法丛书》、《译书汇编》（法科大学校学生吴振麟等于课馀译录有关政治学术之书，印刷成编，南洋大臣已通饬所属一体购阅）。

光绪二十七年即1901年，这一年的留日学生为二百八十馀名。这一段话，实藤惠秀《中国人留学日本史》第二章《留学日本的历史》曾作节录，并说“我们幸运地知道本年（1901）留学生的确实数目，因为翌年来日考察的黄璟的《东游日记》（即《游历日本考查农务日记》）说”云云（实藤惠秀《中国人留学日本史》第25页，北京大学出版社2012年版），可见黄璟的日记对于考证中国留日学生的确切人数提供了重要史料。

由于黄璟是个诗人，因此在书中还记录了不少他与日本诗人的唱和诗篇，颇有文采，也成为此书的一大特色。可能是黄璟作为诗人兼画家的名气很大，他还未赴日，日本驻华公使便已致电外务省，“嘱能诗画者相会”。在赴日船中，他给日本船长赠诗“握手主人翁，笔谈黄海中。相逢情意合，何必语言通”。在日期间，或在隅田川畔的长冈护美的光霁楼，或在永坂周二的酣雪亭，或在永井禾原的来青阁，与日本诗人相唱和。此外他还为日本友人书扇面，应日本记者之请为其题诗，为长冈护美诗集题辞，还曾几次在日本朋友的欢迎酒宴上即席赋诗，真可谓“缘联翰墨永今夕，海外交深展醉颜”，这些诗作后来另行集成《东瀛唱和录》付梓。他还擅长绘画，在日本考察之馀，将考察印象绘成《益壮图记》，之所以称为“益壮”，因其东渡时年已六十有二，故拟以马援的“老当益壮”而名之。在中日文化交流史上，黄璟应该占有一席之地，但是似乎并未引起中国研究者的足够注意。倒是日本著名学者实藤惠秀的《明治时代中日文化的连系》，给了黄璟浓墨重彩的记述。

黄璟（1841—1924），字小宋，自号二樵者，晚号铁生。顺天大兴（今北京大兴区）人，祖籍广东南海。幼学画，擅长山水。监生。1860 年出仕。相继任河南知州、陕州知州、豫南道台。1902 年 5 月至 1906 年 4 月任直隶农务学堂总办。其间奉派赴日本考察农务。回国后他创办了北洋烟草公司，这是最早的民族卷烟厂。北洋烟草公司设在天津闸口，成立于 1903 年，1904 年由清政府核准开业。其著作除本书外，还有《四百三十二峰草堂诗》、《四百三十二峰草堂印章》、《溶县衙斋二十四咏印章》、《陕州衙斋二十四咏印章》等。

日本“固我国先路之导也”

近代中国，赴日考察的人以官员占多，而学者较少，对日本有较为深入研究的“知日派”更少。罗振玉则是为数不多的对日本有真知灼见的学者之一，因而他对日本的考察更为全面、深入、细致，其对日本的记述和分析也更值得人们重视。

光绪二十七年（1901），湖广总督张之洞、两江总督刘坤一设江楚编译局，由黄绍箕、缪荃孙任总纂，罗振玉任襄办。当年受张之洞和刘坤一之派，罗振玉以江楚编译局襄办的身份，赴日“视察学务”。自十一月四日上海启程，至翌年元月十二日返回上海，历时约两个月。回来后写了部《扶桑两月记》，于光绪二十八年三月由《教育世界》社石印出版。

日本为何能够在明治维新后迅速富强？是罗振玉赴日考察重点思考的问题。从其日记中，我们能归纳以下几点：第一，首先在于1868年明治政府颁布的五项改革誓言，即：广兴会议，万机决之公论；上下一心，盛行经纶；文武一途，至庶民各遂其志，使人心不倦；破旧来之陋习，基天地之公道；求智识于世界，大振起皇基。罗振玉将此五项改革誓言全文抄录于日记中，赞扬说："案此五誓，字字警切，大哉王言，三十年来，遽臻隆盛，有以也"。尤其对"求知识于世界"有着强烈的共鸣，认为"借助于外界，其力无穷"，"世之欲成事业成学问者，皆非借助于外界之力不可，况于宰治天下者乎"。第二，日本强盛的秘密何在？"考日本强盛之机关，首在便交通，继在兴工业，三在改军制"，"于是军政修明，而又加之以兴教育，国力乃日臻强盛。此固我国先路之导也"。日本的交通、电线电话发达，方便快捷，"日本文明之机关，最显著者有三：曰铁路也，邮政也，电线电话也。此三事为交通最大机关，而文明由是启焉。故开民智以便交通为第一义，我国若三十年前即开铁路，何至今日尚否塞如是乎？在旅馆中数日，每日必见邮便车络绎不绝，而电话则处处安置，数十里数百里如觌面，便何如乎！电报价值极贱，此亦助文明开世运之一端，我国将来亦必仿行乃可也"。第三，善于学习他国，取人之长，补己之短。

"日本实业，多师法各国，如制茶哺鸡，则皆聘中国人为教习。铅字刷印机器，亦萨摩藩遣人就上海所购者，今则其技并精，出中国之上矣"。他告诫国人努力，奋起直追，"我邦人其勉旃，勿耻学步也"。第四，注重教育。明治初年派大臣视察欧美，又遣亲王留学欧洲，而近来又知暹罗（即泰国）太子留学于英国牛津书院，认为"此举极得教育枢要"，并感叹"蕞尔小邦，尚知自奋，我政府其留意于斯乎"。他从日本文部省的报告中得知：明治三十二年（1899），日本全国学校比去年增加二百零六所，学生增加二十六万多人，他不禁惊叹"一年之内，其进步之速如此!"日本学龄儿童入学比例，在岛根地方已达百分之八十五以上，福冈也达百分之八十以上，深感"其教育之进步，洵可惊矣!"第五，国家奖励航海业，"日本递信省每岁出航海业奖励费，由国家助金，以诱航海业之发达。"明治三十一年（1898），用于航海业的奖励费达到二百五十八多万元。航海业发达，促进了商业的发展，"商力日益开拓，有以也"。第六，理财有道，财政充足。他非常关注财政问题，认为"财政为百务根元，财政不修，百为都废"。他将明治三十四年（1901）日本与中国光绪二十年（1894）的财政收支情况进行了比较，中国财政收支"不及日本甚远"。日本政府广开财源，值得中国学习之处主要有：其一，开征所得税，"日本财政，于地税外，更征所得税，盖就国民每岁入款征之，岁入三百无以下者不征"，"今中国财政困难……则所得税可行也”。其二，兴办银行，“银行为国家财政及实业发达之根本，中国欲整财政兴实业，非从银行下手不可”，“此事关系甚大，政府亟宜起而图之，不能再缓矣”。其三，烟草归国家专卖，他听农商务省专卖局审查官中岛农学士（正四郎）介绍说“日本全国烟草归国家专卖，每年平均之数赢一千万圆，为日本国用岁入之一大宗”，“今中国方苦度支不给，此可仿行者也”。其四，反对“商为末富”的观点，认为“农工商三者同为国家财政之枢要。譬之人身，农犹咽喉也，商犹胃腑，商则大肠也。”其五，大力发展实业，他读了《青渊先生六十年史》，获悉青渊先生（涩泽荣一之号）为“东邦实业大家，凡银行、铁路、刷印、电车、邮船、电线、电话等一切实业之发达，皆先生为之启发，经营三十馀年间，而国家致今日之隆盛，洵伟人也。异日当摘译为小册，以劝我邦之实业家。”称赞实业家为“伟人”，可谓推崇备至。

在罗振玉眼中，日本不仅富强，而且是个文明的国家。在生活环境方面，日本非常讲究卫生：旅馆“亦极洁净，楹几楚楚有致，绝无纤尘”；居室洁净，“世界万国中，居宅极洁净者，不得不推日本矣”；城市道路旁边广置垃圾桶，“市间道旁有尘芥容器，贮积尘芥，以木制之，此亦与卫生有益，亟当仿行者也。”绿化也搞得很好，长崎“入市闲览，山水清绝，仿佛山阴道上”，东京京桥区清静轩“老松罗列，风景颇佳”，芝区“长松夹道，景色秀绝”，“古人所谓十洲三岛，仙人所居，洵不诬也”，仿佛是人间仙境。在文化方面，日本印刷业后来居上，不仅远远超过发明雕版印刷术的中国，并且技术精益求精，“几不让欧美矣”，而“印刷一事，与国家之文明有大关系，观日本印刷之精妙，即日本文明进步之表征矣”。在社会政治方面，他介绍了日本的议会制度，指出日本议院分为贵族院和众议院，贵族院议员分为四等，即皇族、五爵、敕选（即有功于国，天皇特旨用之者）、纳税多者，众议院议员则“不拘职业”，“凡官员、医师、新闻记者、辩护士（按：即律师）、银行及会社员（按：即公司职员）、农工商业暨矿山业、杂业与无职业者，均有之。”这与中国等级森严、封建政府独揽大权、人民毫无权利可言是个鲜明的对比。此外日本还有规模很大的红十字会组织，“日本赤十字社，规模甚宏大，近年社员已至五十七万，此其国家文明之一大征证也”。当然，日本也并非尽善尽美，他直言不讳地指出日人迷信神佛，“通国人家门首多有木札，上书临济宗、曹洞宗、真宗等字样，而男子之老者，多取名某某居士，女子之老者，多取名某某尼，古俗之难废如此”。另外日本的离婚率高和私生子多，“此皆其风俗缺陷之处”。

罗振玉在日本考察的一个重要特点，是时时刻刻将日本和中国相比较，从中看到中国的差距，并提出“仿行”、“效法”的建议。十一月十九日日记，记箱根森林茂密，“虽山骨壁立之处，亦有苍松翠筱，可见东人之不弃地利”，“若中国能仿行，其利顾不大哉”；同日记至一发电场参观，“该场以瀑布发电，箱根至东京电车即用此电也。闻西京用水电者甚多”，感到“中国则可兴此利之处不少，惜无起而图之以为民倡者。观览之馀，为之浩然兴叹”，罗是否在中国较早倡议发展水电？他对于日本让罪犯劳动很赞赏，“监人作业……既以惩罪，亦以兴利”，一举两得，“此最宜效法者也”。

日记中还有不少有价值的内容，值得引起注意和重视。十一月二十四日记载，“闻客言，日本去岁，商船学校诸生毕业，学驾驶，舟行不远而沉没，学生数十人皆无踪迹。此成绩大不良，然后来报考入校乃较多于前。此可见彼邦人之勇猛励学，遭失败而不惧，可敬可畏也”，触及到了日本人的“勇猛励学”、不惧怕失败的民族精神。十一月二十八日记载，“读东籍，知彼邦制度，地方参事会员、市町村役场员等任地方之事者，或不给定俸，以名誉职遇之”，不给俸禄而授以名誉职位，的确是解决“设官太多，禄不足以养之”的好办法，既可以减轻国家财政负担，又有助于淡化“官念”，消减膨胀的官僚机构。十二月二十七日记载与日本文部省普通学部局长泽柳讨论汉字改革及存废问题，“泽柳君言，中国小学教育，以读书为最难，缘汉文太多，小儿识字颇苦，必创为切音字，以谋教育之普及乃便。但切音字用之初等教育较易行，若高等则仍用汉字可也”，切音就是拼音。“予叩以近日东人多但废汉字之说，能实行乎？泽柳君言，国人因识汉字颇苦，故为此说，然颇不易。从前文部省订初等教育须用汉字三千，后省去两千，今省至一千二百，然若全废，实未易易。因废去汉字，而以假名代之，则一切法令著作，皆须全行改用假名乃可，殊未易易，且汉字已经用千馀年，决难一旦废除也云云”，这是关于汉字存废及改革讨论的先声，可惜似乎没有引起相关研究者的关注。

罗振玉（1866—1940），字式如、叔蕴、叔言，号雪堂，又称永丰乡人、仇亭老民，晚号贞松老人、松翁。祖籍为浙江省上虞县永丰乡，出生在江苏省淮安县。中国近代农学家、教育家、考古学家、金石学家、敦煌学家、目录学家、校勘学家、古文字学家，中国现代农学的开拓者，中国近代考古学的奠基人。190 年在上海创办中国最早的教育杂志《教育世界》。同年底受湖广总督张之洞、两江总督刘坤一的委托赴日考察教育，著有《扶桑两月记》。1909 年再赴日本考察农学、聘技师，成《扶桑再游记》。写作《扶桑两月记》时，他原计划写出更详尽的日本考察记（“欲求详尽，尚俟续游”），但《扶桑再游记》比《扶桑两月记》更简略，涉及日本社会政治的内容很少，大量记载的是购买古书、与日本汉学家的交往、考古研究的心得等内容，以至于国内的报纸“有诋我语，闻所诋为嗜古多藏”。《扶桑再游记》在其生前也未出版，只是一部抄本，这是首次公之于世。

由于笔者学识浅陋，加之时间仓促，此书整理疏误之处一定不少。在编制人名索引时，《考察商务日记》提及的人名太多，仅七月十三日的日记所提及的人名就占了整整两页，因此除多次出现的人名外，只出现一次、又不是特别重要的人物未做索引。《扶桑两月记》涉及到的少数外国人名，《扶桑再游记》涉及到的众多人物字号，还有一些未能查到，只有留待异日有暇再详为查考，并望博学君子有以教之。

刘学询考察商务日记□

光绪二十五年（1899）

六月初一日　　上海启程

六月初三日　　抵日长崎

六月初七日　　抵日东京

七月廿六日　　启程回华

八月初二日　　返回上海

□ 据光绪二十五年（1899）香山刘氏石印本
□ 周功君校点

自序

人有恒言，皆曰知己知彼。夫暗于自治，终古病焉。知己难也，然不知彼，则又何从而知己。彼己之间强弱之积，其大至于一兴一亡，然其差别乃或起于人工物力纤芥之微，而在今日尤系于商务。今之事势盖亦人人能知之而能言之矣。学询不必言，且亦有所不忍言。及若内而政治，外而交涉，宏纲巨节，更有非分所当言者。惟独拳拳于我民商力之绌，必不堪与人国往来，而不能尽得其所以然，心窃愤之。去秋在都，妄有陈说，荷蒙圣明俯采狂瞽，而有考查外洋商务之命。学询又思，近己而相类者，无若日本。日本昔之贫弱犹己也，三十年间由贫弱而几于富强，与诸雄方驾。其由此适彼，若此之易也，果操何术而能然者欤？今年四月，奉命会同日本上海总领事小田切万寿之助，往考商务。以六月一日由上海起程，八月二日还抵上海，往返六十一日。谨将逐日闻见所及，汇为日

强弱之积系于商务

知彼不难难在用彼之长

记，缮写正本，呈由总理各国事务衙门，代为奏上，而以副草付之石印。夫观于此，则彼己合矣。今之日本，彼也，非己也，知彼不难，一行人之微，数十日力之所及，虽不敢谓尽得其实，而固已识其大凡。惟夫用彼之长，求己之短，则非一人独知之所能为力，而朝野上下，凡有血气心知者，皆与有责焉，故曰难也。学询谨为其易者，以待其难者。

光绪二十五年岁次己亥仲冬月香山刘学询自叙

25,6,1

刘学询考察商务日记

六月初一日　上午十钟，由上海乘坐日本西京丸邮船东行。是日，日本领事署翻译官船津辰一郎，三井物产会社总办小室三吉、吴永寿，邮船会社总办永井久一郎，均来船相送。吴永寿并言，东京三井总行来电，已派大坂分行御幡雅文至长崎相候。午正驶出吴淞江，罗针指东南，崇明铜沙。申刻见大戢山，针转正东。戌刻越花脑山，舵转东向，兼北一字。泛大东洋，风浪甚大。 上海启程

初二日　竟日风雨，船簸荡至废眠食。

初三日　阴雨。上午六钟抵长崎，入港暂泊。港势斜趋东南，崎北群屿环列。时长崎三井分行总办松尾长太郎已鼓轮来接，言御幡雅文因阻风止于马关。遂登岸，拜晤中国代理长崎领事官蔡薰。松尾长太郎复导游商品陈列所。该所书记官植松通太郎指陈一切，谓本所为农商务省所设，规模粗定，未集大成。然观其罗列本土制造之宜俾 抵长崎

工艺，有所师法，日新月异，各极功能，深得古人劝工遗意。游毕，款留饮馔。松尾长太郎仍伴送回船，并派青木胜三郎护送至马关。下午四钟展轮，越长门入里海。

马关春帆楼午餐

初四日　上午六钟二刻抵马关，停轮。邮船会社总办甲藤求己，三井分行御幡雅文，咸来接迓。御幡雅文习华语，通汉学，约同登岸，至春帆楼午餐。下午五钟，同回原船，启碇出海。

初五日　上午七钟二刻抵神户，邮船会社总办伊丹二郎，三井分行总办吴大五郎，来船相见，邀赴西常盘午膳。遂往拜中国神户领事官欧阳述，即留在公署晚餐，九钟仍回原船。

按神户旧摄津境，更制后属兵库县，与大坂均为通商要口。

初六日　上午十一钟，启轮东驶，出茅渟，经良由濑户（译言海峡），属畿内道。

初七日　船东行，经伊豆，折而南过熊野岬，再东南，历横根岛、神子元岛、三元大岛，转东北，溯相模滩、观音崎。下午四钟抵横滨。上海总领事小田切万寿之助，外务省翻译官小林光太郎，邮船会社商董张果，驻东京中国使馆翻译官冯国勋，驻横滨中国总领事署翻译官刘伯愚，三井分行总办中山兵马，村上纯登，上藤常三郎，先后偕来接谈时许。登岸，拜晤驻横滨兼筑地中国总领事官邹振清。晚七钟，中国官商复送至志波之铁道，登火轮车。行一钟许，至新桥停车，距东京数里，易马车前往。

抵横滨

25,6,8

抵东京，假寓日比谷帝国大酒店。十钟，即往见驻东京中国公使李盛铎，告以来意。十二钟归寓。（往见公使李盛铎）

按东京即武藏州之江户城，旧为将军府，地据关东形胜。德川氏还政，参与大久保利通请迁都。越明治元年始东迁，因幕府为宫殿焉。

初八日　上午八钟，东京三井物产会社督办益田孝来见，并嘱大坂分行御幡雅文相随，以便考查各商务。中国公使李盛铎旋来约赴使馆。警保局长安乐兼道来，未及见。（东京三井物产会社督办来见）

按警保局隶于内务省，以书记官为局长，主监稽警察之职。日本官制，府县专理钱粮、地丁、捐输、出纳各事，其地方民情琐事，则由警察署综理之。警察者持棒梭巡，计时轮换，昼夜不息。凡外人入境，警察署即来诘取姓名、职业，通报后随时为之保护。

初九日　上午八钟，亚东同文会员宗方小太郎，上海总领事小田切万寿之助同来，并告司法大臣清浦奎吾约期晤会。答以俟见外务大臣后，再行定期。

初十日　下午，上海总领事小田切万寿之助，外务省翻译官小林光太郎，三井分行御幡雅文偕来。约同往拜三井会社督办益田孝，帮办上田安三郎毕，小田切万寿之助复设宴于新桥酒楼，同座即益田孝、上田安三郎两君，论中日商务甚详。是日为日本行治外法权始期。

按日本维新三十二年，至今日始有治外法权，非自强曷能臻此？所谓治外法权者，自此以往，日本内地准各国（日本始行治外法权）

人民杂居，有犯法者归日本囚禁之。先是东历七月十一号上午，大藏省松方，内务省西乡，文部省桦山，陆军省桂，外务省青木，司法省清浦，农商务省曾祢，海军省山本，各大臣会议于内阁总理大臣山县侯爵官邸。曾议及中国除租界，虽尚未准各国商民杂居，以现值联好之际，应并准我国商民一律随意杂居，所享权利一如欧美各国民人，惟下流劳役者，则仍不许逾租界。议乃定。

与日本外务大臣谈时局

十一日　下午，偕中国公使李盛铎往拜外务大臣青木周藏子爵，翻译为外务省公使馆二等书记官楢原陈政，谈论时局甚久。出复往拜外务省次官、参与官、各局长、书记官、秘书官、翻译官。

外务省沿革及职掌

按日本旧有外国事务局，管外国交际贸易疆土开拓。明治元年（中国同治七年）九月，移外国官于东京。二年二月，置诸开港通商司，管贸易事务。七月废外国官，置外务省。后屡损益，定为今制。设外务大臣一员（视中国尚书），次官一员（视中国侍郎），参与官，秘书官，书记官，奏任凡九等，判任凡五等。复有政务、通商、取调、翻译、记录、会计各局。凡定条约、遣信使、通市舶之事，大臣率其属以定议。大事上闻，小事则径行。书记官主译文书，通语言，款宾客，具草案，或分国或分事各专其责，属官承办庶务。凡朝会宴飨，外务大臣在邻国公使之上。公使入国，先谒外务大臣，示以国书稿，而后觐见。有事则折简约公使会商于本省（亦有遣书记官与使馆书记官议商具草，而后定之者），凡邻国领事莅任公

25,6,11

使，具其姓名告之大臣，外务省假以文凭，曰认可状，得状乃视事。领事逾法度者，大臣得以其罪状达其国外务，请撤之归。凡地方官与他国领事交涉，财产属之府县官，斗争属之警视局，讼狱属之裁判所，课税属之税关长，然皆隶于外务省。若两国争执，以其事申之外务省，大臣告之公使而会议焉。凡国中律令格式宣告于四方者，亦达之公使。凡邻国大宾来，则设领客使接伴挂，以周旋之。凡驻外公使、领事皆受外务大臣指挥，公使、领事旬月必有报，书记官译而编录之，使周知他国之政治风俗。特命全权公使主修邻好，觇国势，护商旅。所驻之国条约内事皆任其全权，而事仍隶于外务省。若国家大事，则受外务大臣指挥而后行。凡彼国有事，必报达外务。办理公使（官职差小者），代理公使（公使归国以书记官代理者），任事同而职少杀。惟因事派遣，授以全权者，受命而出，事得专行。凡特命全权公使多以二等官充，拜命则解本官，归国若不授别官，仍隶于外务省，在任无定期。

特命全权公使

十二日　上午，上海总领事小田切万寿之助，外务省公使馆二等书记楢原陈政来见。述前任总理大臣侯爵伊藤博文约下午三钟会晤于酒店楼上。届时小田切万寿之助为之翻译，健谈至七钟一刻始散。旋往答拜伊藤侯，并拜警保局长安乐兼道。

与伊藤博文会谈

十三日　上午十二钟，上海总领事小田切万寿之助，外务省翻译官小林光太郎，三井分行御幡雅文，偕赴三井银行，查考该银行规制。又查看三井绸缎庄及现造铁行工程，并银行抵押货物仓库。

三井银行

按三井银号创始在延宝年间（中国康熙初年）。当时日本闭关谢客，商务未兴，无人知有银号汇兑之法。惟三井宗族创银号于江户（今改东京）及大坂之三府，资本殷实，名誉灼然。明治维新后，新定银行律例，遂遵章改两替店（汇兑银号）而为银行，并参酌西法，以变通尽善。迨政府重订商法律，专为保护商民一切营运产业。该银行复遵新律，推广经营，以裨商政，而益国课，而三井银行遂为国内最大银行中之一。其东主为男爵三井八郎右卫门，三井元之助，三井高保，三井八郎、次郎，三井守之助。而三井高保现充银行总董之职，总理事为中上川彦次郎，帮办行务。其抵押货物仓库，东京之外，大坂、横滨、神户、马关各埠均有，一律西式，建造极为坚固。云三井氏于银行外，尚有经商各种事业：曰三井物产公司(开创二十馀年，专经营内外通商事务。总行在东京，支行分设国内属地，并分驻外国，伦敦、纽约、孟买、星嘉坡、香港以及上海、天津、东亚各埠，总董为三井元之助，总理事为益田孝)；曰三井矿务局（专办五金煤矿事务，其办有成效者则以三池煤矿为最著。云总董为三井三郎助)；曰三井绸缎庄（一号越后屋，已设二百馀年，专售各式绸缎、棉布、匹头，总董为三井源右卫门)；曰三井地段局（专管三井家属之地业，国内各府县地段甚多，总董为三井复太郎)；三井工务局（专督办三井氏属之纺丝及制造机器等事务，总董督理为三井武之助，帮办为朝

25,6,14

吹英二。其工厂曰芝浦工作厂，曰新町纺丝厂，曰前桥纺丝厂，曰富冈纺丝厂，曰名古屋纺丝厂，曰三重纺丝厂，曰大崎纺丝厂），现又改造铁行工程，已阅三年，再逾两年而始成，全用铁质，工费浩繁。拟将各业办事处归并一起，以期气脉相通，而收妥捷之益。

十四日　赴中国使馆，与公使李盛铎商议一切事宜。

十五日　上午十一钟，偕上海总领事小田切万寿之助，往拜内阁总理大臣山县有朋侯爵。下午，外务省次官高平小五郎，特命全权公使兼外务省参与官赤羽四郎，外务省政务局长内田康哉，外务省通商局长杉村濬，外务省书记官兼外务大臣秘书官加藤恒忠、三桥信方，外务省书记官大前退藏，外务省秘书官烟良太郎、吉田要作，书记兼翻译官小林光太郎，上海总领事小田切万寿之助，公宴于芝冈红叶馆。同座者为中国公使李盛铎、使馆翻译官罗庚龄、冯国勋。 拜访山县有朋

十六日　正午，上海总领事小田切万寿之助来告，外务大臣奏准，本月十九日上午十钟三十分觐见。

十七日　上午十钟，上海总领事小田切万寿之助来，钞取颂词稿，送外务省与宫内省，酌定觐见礼节。十二钟，三井会社派员来约。偕外务省翻译官小林光太郎，大坂分行御幡雅文，同至上野，附火轮车，至王子地方察看会社机器造纸所。又至印刷局机器抄纸所，其规模较会社尤觉整齐。机器四座，约用男女工一千馀人。开办在明治七年，官本百馀万，每年可得一成之利。凡金银币纸，官 印刷局机器抄纸所

用簿纸，皆由该局承造。局中分制药、造纸两科。凡造纸须先以药制纸料，药以苛性曹达及洒粉为主，有制造硫酸器，煎熬硫酸室，造石灰灶六座。又有硫酸食盐盐酸尾斯（译作盐酸气），极热，入水稍凉，制石灰必用此物。造纸之法以第二酸化满加（药名）及格鲁儿加儿（药名）即苛性曹达融化未成纸之质，以硭硝石火灰烧成黑灰，用黑灰造苛性曹达，煮纸之原质。再用洒粉煮二次，即成白色矣。以破布洗净，加药水入大锅煮之，即化成纸料。大锅共有八个，煮纸料时热逾百，沸汤不能近视。总办出制成暗花纸样各色各种相示，画绘与制造，俱成两绝，欧洲不如。鄂省曾定造纸币一百万圆，业已绘样开造。随后复察看会社制造绵丝、绢丝、毛丝机器所，专仿西式衣袴、巾袜，美商多购运至中国口岸，易西洋牌子以愚华人，利其价廉而神似也。

仿冒西洋名牌

十八日　上午七钟，上海总领事小田切万寿之助来，约同往拜宫内大臣子爵田中光显、司法大臣清浦奎吾。午刻，外务书记官楢原陈政来告，明日上午十钟三十分觐见，外务省派充翻译。

十九日　上午七钟，外务省翻译官小林光太郎，三井分行御幡雅文来寓后，外务省遣双马官车来迎，由樱田门至皇宫门首驻车，中国公使李盛铎偕往。沿途警察员、宫内外近卫兵官均额手致礼。入宫经长廊十馀折，至一殿宇，由式部大臣三宫男爵延入坐，告以觐见礼节。旋引至偏殿，上设御座，须臾，日皇出，佩刀，御中等礼服，免

觐见天皇

25,6,19

冠，立御座前。侍从大臣德大寺实则侯爵暨执事各官，皆免冠鞠躬。依序立。外务省翻译官楢原陈政先趋侍御座右。式部大臣前引学询等依次入，三鞠躬，至御前寒暄数语，即宣颂词。日皇亦即答词如仪，均由楢原陈政翻译。礼毕，三鞠躬退出，式部大臣、侍从大臣均送至殿廊转角，握手为别。宫内省次官川口武定男爵送出宫门。上海总领事小田切万寿之助复同往拜农商部大臣曾祢荒助。论及中日商务，承许如有考查本国商务事件，可以随时咨询。所辖之农务局、蚕丝局、商品陈列馆，俱可随时往阅。请将农商务省沿革章程见赠，允以将来检齐，交小田切万寿之助转致。曾祢大臣旋遣秘书官杉竹三郎持刺来答拜。亚东同文会员宗方小太郎函告，子爵长冈护美，宫中顾问官、陆军少将佐藤政，约明日十钟来拜。下午一钟，偕外务省翻译官小林光太郎往拜式部长三宫大臣，侍从大臣德大寺实则侯爵，日本国家银行总裁山本达雄，三井银行总办中上川彦次郎，帮办波多野承五郎，东洋汽船会社督办浅野总一郎，三菱会社总办丰川良平，帮办瓜生震。

往拜农商部大臣

按农商务省，设大臣一员，次官一员，秘书官、参事官、奏任判任官，视各部。置农务局，掌农事、蚕丝、制茶、畜产、家畜、卫生、狩猎、水产各事务。商工局掌商工、度量衡及商业会社事务。山林局掌官家商家森林原野事务。矿山局掌矿业事务。特许局掌工商创造、领牌专利事务。又有地质调查所掌分析地形、地质、土性事务。商品陈列馆掌陈列内外商品、参考制造事务。

农商务省职掌

二十日　上午七钟，式部长男爵三宫大臣来寓答拜。八钟，偕上海总领事小田切万寿之助、往拜邮船会社督办近藤廉平，三菱会社主人男爵岩崎弥之助，东京商业会议所总办涩泽荣一，谈中日商务甚久。归寓少迟，子爵长冈护美，宫中顾问官陆军少将佐藤政来拜，未值，仍在亚东同文协会相候。即前往答拜，并见其办事员田锅安之助，清藤幸七郎、柏原文太郎。十一钟，亚东同文会员宗方小太郎，宫内大臣子爵田中光显，侍从大臣德大寺实则侯爵，宫内次官、海军主计总监男爵川口武定，先后来拜。下午五钟，复偕外务省翻译官小林光太郎、三井分行御幡雅文，赴柳桥龟清楼东京各巨商之约。主人为山本达雄（日本银行总裁），高桥是清（日本银行副总裁），近藤廉平（邮船会社社长），涩泽荣一（东京商业会议所会头），中野武营、大仓喜八郎（均商业会议所副会头），浅野总一郎（东洋汽船会社社长），相马永印（横滨正金银行头取），三崎龟之助（正金银行支配人），添田寿一（台湾银行头取），丰川良平、瓜生震（均三菱会社支配人），中上川彦次郎、波多野承五郎（均三井银行专务理事），朝吹英二、高桥义雄（均三井绸缎庄专督理事），益田孝、上田安三郎（均三井物产会社专督理事），三枝光太郎（台湾协会干事），岩永省一（日本邮船会社）。陪宴者为外务次官高平小五郎，外务省政务局长内田康哉，外务省通商局长杉村濬，外务省书记官三桥信方、加藤恒忠，公使馆书记官楢原陈政，外务省翻译官小林光太郎，

与诸人谈中日商务

赴东京各巨商之约

25,6,20

大坂三井分行御幡雅文，上海总领事小田切万寿之助。入座后，涩泽荣一起而言曰，今日东京众商设宴，荷两公不弃，来与斯会，不胜欣幸。涩泽荣一谨代众商前席陈词，伏望鉴而纳之。敝国方里狭隘，物产不多，商务本不足观。然自我国维新以后，君臣上下咸晓然富国必以振兴商务为本，极力经营，今日始略有进步。贵国幅员广，户口繁，出产多，商人又能耐劳苦，若再讲求进步，实环地球商务不能望其肩背。独惜我两国，虽同洲咫尺，而彼此商人未能联络，利权坐失，实属可惜。其故皆由两国商人为一己之私利，未谋大局之公益，步步转落人后。贵国亦尝派员东渡，然皆为两国交涉而来，从未有考查我国商务之举。今两公奉命远来，且有联络两国商务盛意，是诚千载一时机会。故我举国商人，云起雷动，欢忻鼓舞，亦为向所未有。伏望两公此行，多为查考，归国之日，实力提倡，是我举国商人所跂望也。语毕，御幡雅文翻译华语相告，合座复为鼓掌。学询即起而答曰：某等猥以不才，膺考查商务之任，承贵国诸君子之爱，所至无不殷殷，以兴亚开诚见告。今日又蒙诸君子胜会相招，不胜感纫。其何以感纫之故，诚以日本巨商俱荟萃于东京，而诸君子又为贸易会中之领袖，兹获与诸君子聚会，即与贵国阖境诸商聚会无异。且将来中日两国商务联络振兴，即可以诸君子今兹聚会为基础。况两国近在同洲，有辅车相依之势，国家富强之基，本于商务，若乘此两国和好之会，彼此认真联络，毋诈毋虞，则商务之盛，可计日而待。惟查我两国

富国必以振兴商务为本

国家富强之基本于商务

近年商务，尚不无遗憾。去年各国在中国商务有三亿万六千八百六十十馀万两之多，而中日两国商务不过有四千三百四十馀万两，以两国交易最称利便，而商务止有此数。又查去年各国商船由外国进口、向外国出口，载有货物九百八十二万吨，而日本商船只占八十四万吨。又查各国商船在中国江海各口岸来往，载有货物二千四百三十万吨，而日本商船只占七十万吨。以两国海程至为近便，而商船来往又止有此数。故鄙意尤愿贵国与中国极力讲求，中日各商亦须认真联络，挽回亚洲利权，方为登高造极。至于如何联络，如何振兴，诸君子智珠在握，必能先得我心也。小田切万寿之助为操东语译述，合座亦鼓掌称善。

中日贸易额

二十一日　上午十一钟，上海总领事小田切万寿之助、中国公使李盛铎来，同赴总理大臣山县有朋侯爵目白邸宅之约。同座为外务省大臣青木周藏，农商务省大臣曾祢荒助，高平次官，内田政务局长，加藤秘书官，三桥秘书官，吉田秘书官。席散，移坐于椿山庄，树林阴翳，如置身深山，悠然意远。山县侯爵复自导登山巅，憩于松下小亭。侯爵以武功起家，昔年征内乱时，战于松林，枪弹中林木如蜂房蚁穴，殊恶战也。事平，伐其木，归结此亭，以记其事。午后四钟归寓，中国公使李盛铎以觐见事毕，嘱移驻中国使馆为便，遂从之。

山县有朋以武功起家

二十二日　午刻，外务省翻译小林光太郎，三井分行御幡雅文，上海总领事小田切万寿之助来，偕往拜谒内务大臣侯爵西乡从道。下午六钟，同中国公使李盛铎，翻译

25,6,23

官罗庚龄，上海总领事小田切万寿之助，外务省翻译官小林光太郎，往上二番町十五番，赴外务省大臣青木周藏子爵之宴。同座为高平次官，内田政务局长，吉田秘书官。先茶话刻许，导观后圃三百馀年古树，丛阴匝地，颇有山深林密之象。宴罢移榻草坪，围坐纳凉，与论亚洲时局甚详，至十二钟始归。

与外务大臣论亚洲时局

二十三日　上午十一钟，偕三井分行御幡雅文，外务省翻译官小林光太郎，往查芝区劝工场。地广数十亩，上覆屋瓦，下层折如廊。凡有新奇器具者，许于此设肆交易，价皆划一，虽使五尺童子适市，莫之或欺。每物一种，列为一肆，如金、银、铜、锡、铁器，竹木器，磁瓦器，髹漆器，各从其类，每类数十家。非物之佳者不入场，即入场亦无过而问者。其设是场也，欲使人各竭其智巧以争胜，所以奖其能，而愧其不能，意至深远。下午四钟，偕中国公使李盛铎赴星冈茶寮公宴。主人为长冈护美（子爵），清浦奎吾（司法大臣），榎本武扬（枢密院顾问官、子爵、前海军中将、外务大臣、驻北京全权公使），佐藤政（宫中顾问官、陆军少将），岸田吟香，伊泽修二（贵族院议员），长谷场纯孝，村松爱三，安东俊明（法学士），国友重章，田锅安之助，小川平吉，池边吉太郎，神鞭知常。同座为上海总领事小田切万寿之助。

劝工场

二十四日　下午二钟，偕上海总领事小田切万寿之助，往拜台湾银行督办添田寿一。该银行创办仅数月，添田由法学士出身，精明而极诚恳。先言本银行设立之意，再言银行有益国家，有裨商务。并言日本从前未有银行，财政、商政上下交困，近日国家官商合力整顿，交受其益，力劝中国宜及早筹办，免利权全归外人。国家遇有大举动，大兵役，大工程，全借外人之财，即授外人以柄。末言中日及今联络，虽属迟误，尚有振兴之机。若有考查银行事宜，随时咨询，愿以实告。洋洋洒洒数千百言，颇有肺腑相示之意。复拜晤相马永印（横滨正金银行督办），高桥是清（日本银行副总裁）。是日内阁总理大臣元帅侯爵山县有朋来馆答拜。

银行之益

二十五日　上午十钟，三菱公司东主岩崎弥之助男爵来晤，论及亚东时局，甚形亲爱。当其国家维新时，与三井曾毁家纾难，故日本商务以两家为巨擘，而国家亦极力保护之。叔侄二人积有家资数千万，实为日本巨家。十一钟，内务大臣西乡从道侯爵来拜，外务省翻译官楢原陈政为之翻译。侯极诚笃，为日本物望所归。一钟，偕外务省翻译官小林光太郎，三井分行御幡雅文，往看商品陈列馆。规模新缔，隶农商务省。馆长佐藤显理导引，查考器物，百货骈列，比劝工场尤为精奇新巧。随往金杉桥，查看三井会社所置芝浦工作厂，制造轮船、电灯、水雷等属，总办为斯波权太郎，技师为工学士渡边秀次郎。

三菱三井为日本商务巨擘

参观商品陈列馆

二十六日　恭值万寿圣节，在使馆随行朝贺礼。上午八钟，偕上海总领事小田切万寿之助，三井分行御幡雅文，外务省翻译官小林光太郎，至目黑查看惠比寿麦酒会社。晤总管制造事务高木贞干，董事三浦泰，辅总办马越

参观麦酒会社

25,6,26

公平，周历阅视自播麦起以迄成酒装瓶止，逾四钟久始阅竣。该厂计有男女工三百二十六人，规模极大，制法精良。成本八十一万元，凡六个月结帐一次，上届已获二成五之利，据云下届酒可增至三万五千石，则获利尤厚。初，日本通商后，西洋入口麦酒销售甚巨，岁输金钱无算。嗣鸠设公司，自行仿造，精愈求精，此时微特西洋麦酒不能行销日本，而日本麦酒转可行销于中国各口岸，并渐推广至南洋群岛，其畅销所由来制造精美，酒与欧洲相等，而价转较欧洲为贱也。马越公平向在三井公司充帮办之职，上年始专理麦酒公司事，因与详论商务，具有卓识。随至荏原郡大井村，查看后藤会社机器织毛制造所。其社员为后藤恕作、杉原荣三郎，引视工厂，询悉成本共四十万元，为后藤一家之业，每年得利约二成馀。羊毛系购自天津及澳大利亚，织成羽纱、羽绸、毡毯之属，俱与欧洲无异。后藤又引至本属制造洋毡机器所，规模虽小，所织皆粗用之物，而价值较欧洲尤廉，国内所需无庸购诸他国，亦塞漏卮一法。

机器织毛制造所

二十七日　上午九钟，偕上海总领事小田切万寿之助、外务省翻译官小林光太郎、三井分行御幡雅文往印刷局查看。局长得能通昌延入，导赴印刷排装、雕镂、画绘、电镀各所，逐一考视。规模宏大，凡国家证券、金银钞票、印花邮片，以及编辑官书、官报、公用文册，悉归该局承办，照市发卖。纸料则专取给于王子抄纸局，而偿其值。下午三钟，上海邮船会社总办永井久一郎来见。

往印刷局查看

按印刷局隶内阁总理大臣掌管。设局长一员，系二等敕任官，监督局中事务。所属职员则有事务官一员，系奏任官，技师则有三十六员，技手四十五员，系判任官。

二十八日　上午七钟后，日本各部大臣，各国公使，来中国使馆祝嘏，随同公使李盛铎出与周旋。下午七钟，李盛铎设宴使馆，约有上海总领事小田切万寿之助，外务省翻译官小林光太郎，三井分行御幡雅文。

参观司法省

二十九日　上午九钟，偕上海总领事小田切万寿之助，外务省翻译官小林光太郎诣司法省，拜晤次官波多野。由次官引见控诉院院长、判事春木义彰，取司法省全图出示。先引至控诉院大堂，是日适有堂事，次官为设座堂后，观其审断。少顷出游控诉院各局所，后至大审院，院长、判事男爵南部瓮男出迎，复导观大审院各局所。其规制，大审院如中国之刑部大堂，控诉院如中国之刑部司堂。凡讼案必先由地方裁判所审勘，如未允服，始至控诉院上告，倘断仍未协，始上大审院而会审焉。晚赴司法大臣清浦奎吾之约，设宴于官房。房与司法省毗连，悉仿西式，气象宏敞。清浦大臣御礼服，佩宝星，款洽甚欢。

日本刑政旧依唐律明治维新采用明律

按日本刑政，旧依唐律。及王室衰微，政在幕府，刑罚或轻或重，惟长官之意。数百年来专尚严酷，窃盗、诽谤罪均至死。明治维新乃采用明律，迭有增损，著为《新律纲领》一书，颁行国内。八年五月，改设大审院及诸裁判所，厘定职务事务章程，颁发控诉规则、上告规则，乃稍参西律。十年二月，又有更改。自外交订约后，

25,7,1

泰西流寓商民均归领事官管辖，日本欲依通例改归地方官，而泰西各国佥谓日本法律不完其笞杖斩杀之刑，不足以治外人。日本政府遂一意改用西律，敕元老院依拟法国之律，略参本国规制，纂定诸律，曰治罪法，曰刑法，于十四年二月一律颁行。

改用西律

七月初一日　午后，上海总领事小田切万寿之助奉外务大臣青木子爵命来约，六钟同至邸宅夜谈，至一钟始归。

初二日　外务省翻译官小林光太郎、三井分行御幡雅文来，酌定查看郊外各制造厂日期。

再次参观商品陈列馆

初三日　下午两钟，偕外务省翻译官小林光太郎、三井分行御幡雅文，覆看商品陈列馆。其馆长佐藤显理逐细引看陈列，本国制造绵织物、丝织物、丝绵交织物、衣服、巾、扇、陶品、磁品、七宝器、漆器、竹器、铜器、錯器、纸器，以及丝茧、茶、烟、五金矿质、山林材木之属，贵值千百，贱值毫厘，别类分门，各注工商姓名、价值于其下，非仅有以激劝工商，抑且借以维持商务，法至善也。阅毕与馆长详论中日工商得失，亦谓尚宜变通尽善，以求两国裨益。

初四日　下午四钟，上海邮船会社总办永井久一郎来约，宴集不忍池湖亭。又名小西湖，四面荷花，一堤杨柳，夕阳初下，雨送秋来，风景殊胜。日本诗人森泰槐南以诗见赠曰："瑶禽若木拂枝回，尽道人从北阙来。鹢首云低连渤澥，龙鳞日丽谒蓬莱。结欢自仗同文谊，筹国齐

不忍池又名小西湖

须借箸才。一笑楼兰夸电速，看朱成碧漫相猜。”学询步韵和之曰：“不忍池头绿水回，荷香着雨趁风来。文章两国开坛坫，事业千秋出草莱。人讶相如初奉诏，世无赐也敢言才。传杯拚醉葡萄酒，一任弓蛇影误猜。”禾原复投以诗，学询亦次韵作答曰：“六合何殊一比邻，同洲今日更相亲。晋唐遗俗衣冠古，李杜清才词赋新。载酒客来壶峤地，看花人忆海天春。风霜暗换征袍色，羞对池荷绝点尘。”酬酢甚欢，十钟始散。

诗歌唱和

初五日　上午七钟，偕外务省翻译官小林光太郎、三井分行御幡雅文、上海总领事小田切万寿之助，赴东京府南葛饰郡吾嬬村，查看莫斯林毛织会社。总办端善次郎迎往各机器厂阅视。有熨绒室，弹羊毛室，极热上颜色室，洗羊毛室，织绒室，均置有电灯，昼夜分班工作。其羊毛多购自天津及澳斯福利亚两地。厂中所设为干绒器，干羊毛器，缩绒器，起毛器，纺毛器，经线器，整经器，用风力干线器，刷绒器，剪纵绒器，发彩器，剪经面器，磨搓器。男女工共一千五百人。章程则有职工规则，寄宿舍规则，并设有医院，以疗本厂病人。饭锅水镬大可数围，绕以汽管，历三十分钟，而千五百人之炊已熟，诚大观也。查其股本共一百万元，开办仅一年（明治三十一年七月一日设），上半年结帐，已盈馀四万九千九百元有奇。端善次郎言，从前每年法国运入各色洋布有四百馀万，自开办半年后，入口已少一百六十馀万，然所需羊毛仍须购自他国，每年输出约值百万，实收回利权六十馀万，将来尚

参观毛织会社

25,7,5

拟设法挽回。裕商即以保国，持论正大，尤足令人起敬。午后再往田村，查看钟渊纺绩会社。其锅炉机器与上海纱 裕商即以保国 厂同，厂有四万锭子，男女工计一千八百人。新旧两局并而为一，旧局已设有十二年，新局亦办有六年，股本共二百五十万。总办为和田丰次。归途道出想坞，访榎本武扬子爵不遇。顺游新草园，园在墨沱之滨，种有梅花百树。主人欢迎，出字画数卷，品评藉以小憩片刻。

初六日　上午八钟，商品陈列馆长佐藤显理来见。去后，偕上海总领事小田切万寿之助，往拜陆军大臣桂太郎 拜见陆军大臣 子爵。谈甚久，并云所管陆军处所，均可知照查看。出拜参谋本部总长未值，次长、中将、男爵大迫尚敏，第二步长步兵大佐福岛安正，谈逾时，始别。

按日本旧有海陆军事务科，明治元年二月置督主之。旋改军防事务科，置督辅。四月废，改置军务官，置知事、副知事。二年七月废，改置兵部省，置卿、大辅。五年二月废，始改置陆军，设大臣掌之。官制视各部，有总务局，骑兵局，炮兵局，工兵局，会计局，医务局，宪兵本部，屯田兵本部。炮兵方面，东京炮兵工厂，大坂炮兵工厂。工兵方面，近卫监督部，各镇台监督部，参谋本部，皆隶焉。

初七日　上午九钟，外务省翻译官小林光太郎来，偕访邮船会社社长近藤廉平茶话之约，有上海邮船会社总办永井久一郎在座。导游新筑园林，移时入座，纵谈两国商务甚久。下午归，驻横滨中国总领事官邹振清来见。新草园主人持绢幅索书，勉以应之。

初八日　上午九钟，上海总领事小田切万寿之助，三井分行御幡雅文来，告商品陈列馆佐藤馆长约往看七宝器皿。皆著名匠手，一用日本旧法，一用新法，一参用中国法而变通之，鬼斧神工，各擅胜场。

初九日　上午九钟，偕上海总领事小田切万寿之助、

参观日本银行

三井分行御幡雅文，查看日本银行。总裁山本达雄延入厅事，告以本国初无银行，明治五年官定国立银行条例，九年复增损之，商家于是争相开设，多至百五十馀家。然散处四隅，未能互相联络，货币不获流通，时形壅滞。政府乃仿泰西各国之制，官商合赀，设立日本银行于东京，令各银行悉属之。提纲絜领，彼此挹注，商贾称便。十馀年来，商业振兴，实基于此。而国家赋税，整顿公债军务公债，一切度支，均归本银行司其出纳，大藏省专主会计而已。本银行创于明治十五年，官商资本金先后增至三千万元，分十五万股。按三十一年营业报告而论，取引（译言交易）总高金九十亿千九百三十三万二百三十一元六十六钱一，收纳（译言存款）高金四十五亿九百四十七万四千四十八元九十八钱四厘，仕拂（译言放出）高金四十五亿九百八十五万六千百八十二元六十七钱六厘，现在（译言现存）金六千六百七十八万七千九百三十四元

银行于国计商务有裨

六十一钱九厘，利益（译言馀利）金一千二十六万六千百七十三元三十四钱七厘。深望中国及早开办，实于国计商务有裨。语讫，派员导观各办事所，分官事、商事为两

25,7,9

科，各有专司，不相肴杂，规制井然。复引观地库，周围砌壁，以石地镶小铁轨，便于运送。并设有发电机器，燃灯、送风皆由电机发动，虽在地室中，无黑暗潮湿之虞。库凡十有三，库门置锁钥两重，外重有设一时表者，某时启库，必用某钥乃能启之，易他钥不能启也。启时内有监掣，外有护兵，启闭后封志其上，防弊之法至严密矣。是日，尽启诸库，逐一引看，就金钱而论，库存六千七百馀万，据云合分行库储，共存一万三千馀万，钞票即依此数行用。旋出库外，查看四围，周以水渠，宽仅数尺而深逾寻丈，遇不测，则开机器引水灌渠，使库宛在水中，莫之能为。阅毕，复返厅事，总裁已检取上年日本银行报告书、条例书、整理公债取调（译言查考）书、军事公债取调书分赠，尚有秘密章程，允以钞送。询其筑造银行工本，约一百五十馀万，亦巨制矣。晚赴永坂周二之约。永坂精西医，能诗工书画，日本知名士也。酒后诗以赠之："读画听香自古今，依然城市亦山林。移家为爱诗人宅，济世应同良相心。好客郗超多秀美，忧时杜甫且长吟。怜余求艾三年志，欲起疮痍叹病深。"

参观金库

初十日　天气炎热如酷暑，不能出门。

十一日　热尤甚。午后，上海总领事小田切万寿之助来，与之商议还请日本官商公宴事。

十二日　上午九钟，偕三井分行御幡雅文，至横滨，拜中华会馆商董鲍焜、卢耀庭、罗和声、罗廷琛、谭辉垣、张汝果、孔云生、曾卓轩、袁淦，与谈商务，论及时

与中华会馆商董谈商务

局，晓以忠义，各皆激发。随往晤驻横滨中国总领事官邹振清，详询本埠商情。

十三日　上午十一钟，中华会馆众商董设宴相招，赴之。下午三钟，回东京。六钟，贸易协会议员公宴于红叶馆，主人为池田谦三（东京第百银行支配人），大谷嘉兵卫（横滨茶商），岩谷鹰藏（东京部烟草杂货商），岩永省一（日本邮船会社），今村清之助（东京今村银行头取），长谷川武次郎（东京欧文书籍商），羽田如云（东京西洋酒食料品海菜商），服部金太郎（东京时计商），服部镇三郎（东京贩运铁轨附属诸机械商），林忠正（东京巴黎博览会事务官），西川忠亮（东京手漉白纸贩卖业商），堀越善重郎（东京海外直输出商），大冢琢造（东京海外直输出入商），大桥新太郎（东京博文馆主、瓦斯式会社专务取缔役），大仓喜八郎（大仓组头取），米井源治郎（矶野商会员），高桥是清（正金银行副头取），周田考吉（第十五银行头取），祖山钟山（高等商业学校教授），土田政次郎（日本制药合资会社），鹤原定吉（日本银行员），永富雄吉（日本邮船株式会社支配人），鹿岛万兵卫（上海英租界鹿岛洋行主），野中万助（海运业及贸易商），隈本荣一郎（美国石油诸机械油蜡商），福原有信（资生堂药铺帝国生命保险会社长），深泽正三郎（贸易商），小林义雄（欧风室内装饰师），小林大次郎（三木商店员），森岛清一（海外直输出入商），小岛龟吉（贸易商），近藤贱男（日本输出入会社主任），近

赴贸易协会议员公宴

25,7,13

参加公宴商界人士

藤辅宗（贸易商），后藤恕作（日本毛布制造会社取缔役），惠藤卯三郎（日本小间物商），榎本重美（磷寸制造业），阿部孝助（东京银行取缔役），浅野总一郎（东洋汽船株式会社长），浅沼藤吉（写真器械石坂器械制造贩卖业），浅井半七（铜铁商），松下与三郎（输入贸易商），佐藤三次郎（杂业），佐野令三（直输出入商），木村腾（烟草商），宫部久（东京制绒株式会社长），宫部敏功（东京制绒株式会社支配人），森村市左卫门（日本银行监事直输出入商），诸葛小弥太（森村银行支配人），铃木倍次郎（舶来织物直输出入商），杉木鹤五郎（西洋食料品商），绪朋荣三郎（造船业），铃木恒吉（洋酒商），马越公平（东京麦酒株式会社事务取缔役），冈田来吉（洋纸商），广濑源三郎（贸易商），十文字信介（日本农事杂报社主），小松久吉（织物输入商），世继富五郎（鳖甲问屋），大高政兵工（船其问屋），井上敢次郎（铜铁引取商），服部敢（三井物产会社仓库内开通合名会社员），大谷幸兵卫（茶商），落合留次郎（漆器品商），织田甚三（陶磁器商），高木三郎（同伸株式会社员），田原荣（漆器制造业），村松武一郎（会社员），山田拽养（美术品商），松村青吉（海外直输出入商），增田增藏（砂糖商），小林助桂（药种商），浅冈岩太郎（亚细亚贸易会社员），宫川香山（陶磁器制造业），樵野正兵卫（绢物商），广濑金七（茶商），森谦吉（第七十四国立银行员），铃木行吉（绢物商），铃木尽介（绢物

外务省官员陪宴

商)。陪宴者为外务次官、参与官、秘书官、书记官，及上海总领事小田切万寿之助。

十四日　天气大热，如中国三伏。时午刻，上海总领事小田切万寿之助，外务省翻译官小林光太郎，三井分行御幡雅文来，料理邀客柬，交邮局分递。

十五日　上午九钟，中国公使李盛铎入山避暑，学询亦有查看足尾铜矿之约，遂偕至上野乘火轮车，历三百馀中里。十二钟，到日光山，假金谷酒店一宿。上海总领事小田切万寿之助，外务省翻译官小林光太郎，三井分行御幡雅文，亦先后来止。

十六日　上午十钟，坐人力车入山。下午三钟，住中禅寺外湖边望湖楼，风景约略与西湖相似。

参观足尾铜矿

十七日　早起寒甚，大有秋意。上午八钟，乘肩舆过阿严泷茶亭，观磁铁石宝箧印塔。下午四钟，至足尾山谷口，铜山矿总办已派清田、立木二员迎于铁道马车站。易车行，逾二钟，入古河铜矿局。总工程师狝崎出迎，导观各处。由洞口起，首为分矿质机器所，次为陶汰矿质机器所，又次为转运矿质机器所，又次为熔炼矿质机器所，末至范成铜砖所止。九钟，复乘马车，宿于足尾町鹤屋。清田、立木诸君设筵款待，宴罢研墨，就席索书而去。

与古河铜矿局总办论矿务

十八日　上午七钟，总工程师狝崎来，同阅所筑水池，工程縻款百馀万。先是近山居民以古河采挖铜矿，山水为之浑浊，且含毒质，不能食往。诉于农商务省官，乃劝令古河筑滤水池，沥其渣滓，水清与山泉无异，众始悦

25,7,18

服。旋往拜总办近藤陆三郎，论矿务甚详，人极诚恳，挽留再三，力辞乃已，亲送至车站，并派立木送出谷口，乃别去。二钟三刻，出青泷，回日光，仍假馆金谷酒店。上海总领事小田切万寿之助先归。

按足尾铜山矿在栃木县下野国上都贺郡足尾町，故名足尾铜山。距东京四十东里，自海面高起四千四百尺。该矿开挖设厂之处，在高二千五百八十尺地方。现开五洞，曰本口坑，有木坑，新口出合坑，大通洞坑，小泷坑，计有九十八所。矿内采挖夫有二千九百二十人，其馀搬运、烧炼、土木工匠，管理机器、仓库、山林、薪炭、医药，自总办及诸执役，总计有一万零九百二十五人之多。内选矿、导火，兼用女工四百馀人。其作工之法，每昼夜分三班，每班作工八点钟，每人每日可挖矿质二百五十斤至三百十二斤。查明治二十九年分帐目，该矿全年出过炼净铜斤九百八十九万四千三百四十九斤，每日匀算，可得净铜二万七千五百馀斤。洞内铁路长十四万一千五百三十八尺，洞外铁路长三万一千六百二十一尺，马车铁路尚不在内。洞内电气起重机，每举一次，上下五百尺，每次可运两吨重，每二分钟可运一次。电气抽水机，每次上下三百尺，每抽一次，去水二吨重，每二分三十秒时，可抽一次，实属异常便捷。其厂所设在山半，所有至平地上下运料，皆用铁轨、铁索运转（译言挂丝路），计长九万三千三百八十四尺，马力一百六十五匹，每昼夜可运七万七千四百二十贯目（每贯目合中量百两），约合四十五万馀

铜矿兼用女工

电气抽水机

斤。该矿于二百八十五年前始行查得，向由幕府派人办理，明治归政后，四年改归民办，十一年始由现在矿商古河市兵纬办理焉。

十九日　正午，偕外务省翻译官小林光太郎、三井分行御幡雅文，附轮车回东京。夜七钟，过上野，就食于梅川酒肆。九钟，抵使馆。

二十日　上午，偕三井分行御幡雅文，往访商品陈列馆长佐藤显理，三井绸庄帮办高桥义雄。

参观炮兵工厂

二十一日　上午九钟，偕上海总领事小田切万寿之助、外务省翻译官小林光太郎，往阅陆军省东京炮兵工厂。参谋本部步兵大佐已先派陆兵大尉田中新助候于厂外，延入，与提理陆军少将樱井重寿、副提理陆军炮兵少佐野村茂树相晤。旋派陆军大尉小林钟八郎前导，历观厂内小铳制造所，铳包制造所，炮具制造所，火药制造所。每所又分工程数处，各从其类，由初造以底于成。复至试铳所，观试新铳，名三十二年式者，机括灵便，每十四秒连发五响，远及四千尺，弹力较毛瑟枪更远且大。后引至山隈，观试验电机燃药之法，先植大木于百步外，藏以炸药，引电线于山隈，一拨机，但闻声如巨霆，大木已成粉碎。阅毕，小林大尉导游后乐园（园为明季朱舜水手拓），水木明瑟，颇有南中风景。入池亭小憩，谈次询悉现用工匠六千馀人，按常日可造马步铳各五百杆，若军务紧急，加工赶造，则日出马步铳各五千杆。成本，每杆需银十四元，弹药每千需银三十元。再阅两年，所造马步

25,7,21

铳，足敷举国预备、后备各兵之用。下午四钟，上海总领事小田切万寿之助复来，约赴涩泽别墅品茶之约，藉谈商务。至，则商业会议所督办涩泽荣一与东洋汽船株式会社长浅野总一郎同作主人，畅谈至十二钟，始归。

按炮兵工厂分设于东京、大坂，而均隶陆军省。专制陆军所需兵械弹药，及海军所需火药而设。东京总工厂，则有小铳制造所，铳包制造所，炮具制造所，目黑火药制造所，板桥火药制造所，岩鼻火药制造所。大坂总工厂则有火炮制造所，炮架制造所，弹丸制造所，火具制造所，宇治火药制造所。此外则就各炮兵驻扎处所，另设分厂，以备修理。经费取给于总厂，而就近归各该处炮兵队长管理。总厂内执事人员，有提理（炮兵大中佐充之），副提理（炮兵少佐充之），检查官（炮兵少佐大中尉充之），制造所长（炮兵少佐大尉充之），所员（炮兵大中尉充之），军医，军夫，技师，各名目。考日本军备，初用来福枪，至明治九年十月，近卫镇台始改用士乃得枪，亦有改用马梯呢枪者。十年二月，废来福枪（间以供军中操演），炮兼用克虏伯及阿姆斯脱郎、布鲁戛士。是时，工厂未能制大炮，仅能造马梯呢、士乃得各枪。有炮兵大佐村田，以新法制铳，经炮兵会议所议用，名曰村田铳（炮兵会议所始自九年七月，每年招集将佐会议兵器弹药之式样，炮兵之规制，议定乃行），工厂中遂仿造之，自后复精益求精。现时所制铳曰三十二年式，转驾毛瑟枪而上之，然视初设厂时，已七变其法矣。 考日本军备

二十二日　上午九钟，出横滨，应粤商曾卓轩之招。四钟，回东京，易车往京桥区，查看电话机器工厂。主人为吉田正秀，曾充电务总办者，引观制造各所。男女工三百馀人。与西洋所制电话箱无异（即德律风），成本较廉。主人复泛舟，同至想岛八百松酒楼。在座者为外务书记官三桥信方，上海总领事小田切万寿之助，外务省翻译官小林光太郎，酒阑索书屏幅，以志岁月。

查看电话机器工厂

二十三日　上午七钟，外务省派员赍送日皇赠学询勋二等瑞宝章一座。谨领毕，遂偕外务省翻译官小林光太郎往阅陆军士官学校。至则陆军大尉田中新助在焉，由其学校副官引阅各部生徒（部凡三等，第三部升至第一部）。分学术两科，以为考程，各有等级，第其深浅而受业焉。凡在校中肄业，有定起居，有时游息。有所犯规者罚，自暴自弃则禁锢之，情重者更除其名。所受之业，教师必详为讲解，举城垒建筑之法，地势测量之法，铳炮制造之法，队伍分合之法，步伐整齐之法，马骑控御之法，弹丸命中之法，绘图摹写之法，器用修理之法，皆按图注说。以指示犹未尽者，复分析其形，模造其体，揉纸、抟泥，或刻木，或熔蜡，或铸铁以肖之，务使生徒心目了然，长其智慧。又于野营演习时，召之试练。现有学校生徒八百人，朝鲜生徒已有入校者，两江、两湖去年派出学徒，闻尚未选入校内云。下午六钟，假座帝国大酒店，还请日本各大臣，藉伸报谢。

天皇赠送勋章

陆军士官学校

二十四日　上午十钟，三井分行御幡雅文来告，三井

25,7,24

总行知君等将归国，今日东主及各行督办、总办齐集三井银行，敦请下午过谈。届时赴约，至则该行主人男爵三井八郎右卫门，督办中上川彦次郎、益田孝，及各行总办延入，叙谈良久，订以此会为将来联络商务之基，并欲挽留游览三池煤矿。许以到长崎有暇，当绕道往，否则俟诸异日。归馆后，上海总领事小田切万寿之助复来，偕谒伊藤侯话别，约钟许始出。即赴红叶馆，还请日本各部次官、局长、书记官、馆长，到者二十馀人。

二十五日　上午十钟，上海总领事小田切万寿之助来，偕往外务省辞行。适青木大臣避暑未归，晤次官高平小五郎，谈甚久。兼拜各局长、书记、翻译等官，并往各大臣暨官绅士商家告别。六钟，复在红叶馆设宴，邀请日本诸绅商，而横滨中国各商董亦来与宴，中外欢联，诚盛会也。是日，子爵长冈护美来，以诗送别："瀛岛论交如此稀，何堪今日送征骓。槎乘星汉才难敌，学究天人愿不违。万里沧溟劳远涉，九秋风物赋将归。图经著就绥边略，携返嘉猷献禁闱。"

往外务省辞行

二十六日　下午六钟，启行回华，中国公使李盛铎相送至新桥。是日，日本官绅士商来送者百数十人，高平次官至稍后，匆匆数语而轮车已展发矣。中国使馆翻译官冯国勋、外务省翻译官小林光太郎、三井分行御幡雅文，均送至神户。上海总领事小田切万寿之助送至中途别去。八钟，道经横滨，商董张汝果、袁淦罗廷琛、孔云生等，乘轮车出数里候于道左，一握为别。

启程回华

返抵神户　二十七日　上午十一钟，直抵神户，三井分行高桥铃大郎来见。遂与外务省翻译官小林光太郎、三井分行御幡雅文就食于西常盘。下午，川崎船厂总办松方幸次郎来，具道伊父松方正义伯爵现任大藏省大臣，以养病乡居，未得在东京把晤为憾。次郎现充神户川崎制船所社长，请翌日莅厂一阅制造工程，则十分欣幸。以其诚恳，诺之。五钟，登船。

参观川崎造船厂　二十八日　上午七钟，大雨。偕三井分行御幡雅文，乘其公司小轮，往川崎船厂。总办松方幸次郎导看制造工程，规模与芝浦同。九钟，归，次郎复送至船上。十二钟，外务省翻译官小林光太郎、三井分行御幡雅文与送行者均过小轮船。往西行五钟，柁机坏，停修逾三钟之久。

二十九日　上午八钟，船抵马关。三井分行井上泰三，邮船会社甲藤求己，各驶船来请登岸，谢却之。晚，抵长崎，已十一钟矣。

三十日　上午七钟，三井分行松尾长太郎鼓轮来接，婉辞。下午五钟，复来握送。驻长崎中国领事官张桐华，邮船会社总办，均来见。六钟三刻，开行。

八月初一日　天阴雨，舟行微有摇荡。

返回上海　初二日　上午十一钟，入吴淞口。十二钟，泊岸。驻沪日本代理总领事松村贞雄、翻译官船津辰一郎、三井洋行吴永寿来见，遂登岸。

刘学询考察商务日记

人名索引

四画

五画

九画

十画

十一画

十二画

十三画

十四画

十五画

黄璟考察农务日记□

光绪二十八年（1902）

六月二十三日	自天津启程
六月二十八日	泊马关，寓春帆楼
六月二十九日	登汽车东行
七月初四日	至东京
八月二十九日	离开东京
九月初六日	返抵天津

□ 据北京图书馆藏清光绪二十八年（1902）铅印本

□ 周功君校点

自序

事贵信而有征，无征不信，不信民弗从，此东游日记之所由作也。璟辛丑冬由汴护乘舆北来，值项城宫保督直隶，受天子命，奋志维新，孜孜振兴，无废不举。其于农政尤所关怀，殆以中国贫匮至今已极，不于首善之区创兴农学为天下先，则异日裕度支、资生计、足建中兴之业者，必将无以植其基。于是奏之朝廷，以直隶农务畀璟，且命游历日本，购采农具，取彼新法，改我旧习，心何虚，志何锐也。乃于壬寅之秋，乘轮鼓浪，远涉东溟，壮志莫遏，几忘老之将至。入其境，见夫田畴井井，厘若画图，男妇勤能，风物都美，古所谓野无旷土，国无游民者，不图得于今日遇之。不惟是也，遍国中学校如林，铁轨如织，无人不学，无学不精，凡商业、工艺、武备、警察、开垦、矿产诸大政，靡不悉心筹计，不稍留缺憾于纤微。宜乎以区区三岛，向称积弱之国，不四十年，巍然足

袁世凯于农政尤所关怀

中国富强当未可量

与泰西诸大国相颉颃，夫岂幸致也哉？要亦处心积虑者久矣。我中国地广民众，弁于五洲，倘能尽仿而行之，其富强当未可量。璟历览将遍举道路、山川、人情、风土，以及交际往来、酬唱宴饮一切琐事，逐日笔之于册，编为日记。其北海道一区，以迫于归期，不及流览，嘱随员王瑚游行一周，亦编为日记，附于篇末（未收录）。是记也，以七月二十一日始，以九月初六日止，凡七十六日。恭缮一册，为备进呈，更以副本，付之排印。欲天下之阅是书者，知璟言之足征，而中国之改良进步，将与我友邦并峙乎亚洲，安知不基础于农务，而以是书为嚆矢耶，是则璟之极愿也。

南海黄璟

28,6,21

黄璟考察农务日记

光绪二十八年六月二十一日（阳历七月二十五日）

早六钟，同随员知州王瑚、廪生王金成、把总陈兆祥、家丁张巽登西关火轮车。知州李兆兰，府经汪兆槐、舒恩庆，县丞怡康、秦业炳、张成先、刘翼臣、刘效曾、丁宗瀛，典史李保成、李保廉、李延笃、陈伯寅来送。道员吴家修投诗和韵云："上上农田属冀州，新翻花样更东游。我行我法难藏拙，谁是谁非尚待诹。好似槎轻追汉使，也同年少步瀛洲。惊人佳句壮行色，盼到归来天地秋。"与日本医士川田德治郎、德兴堂主人市山重作同车。微雨，禾苗滋润。一钟，入都，寓杨梅竹斜街鸿升店。访农务总教习楠原正三，新聘翻译池部政次，同见日本公使内田康哉，据言已电致外部，妥为照料，并嘱能诗画者相会。又至日本正金银行，托总办锅仓直，夥友泽村繁太郎、陈静斋，汇票一万六千馀两。

从保定西关坐火轮车入都

二十二日　同王瑚访楠原正三，请黑泽兼二郎译语，同见公使内田康哉及参赞郑永邦。复至正金银行，取银元并汇票。冒雨回店，和知县杨谷成见赠韵：“与子不相见，相思若几秋。来观邻国政，莫共海邦游。我慰乘风志，人宜未雨谋。农功有成法，甚解未曾求。躬耕卧龙地，稼穑忆艰难。薄宦无微禄，今吾复旧观。富强基在此，跋涉力先殚。东壁分光后，归舟路近韩。”

至日本正金银行取银元及汇票

二十三日　早五钟，冒雨登前门东火车。日本井师伊藤俊三及市三重作、黑泽兼二郎、知县叶世勋、中书沈艾孙、郎中岳龄来送。与日商市原源次郎、吉田房二郎同车。十一钟，至塘沽小憩，华信洋行市原源次郎照料周匝。三钟，大沽候潮。和知县孔宪邦诗云：“漫从海上骇风波，海上何如世上多。蹭蹬一官今老大，敢将游历补蹉跎。一帆何事到蓬莱，道是樊迟学稼来。莫讶天心私雨露，良田毕竟在人培。浴日扶桑望海边，我非祖逖著先鞭。留君南亩考成法（孔令赴安州查滩地），先哲何如后进贤（日本近宗西法）。归帆应饱海风秋，冠绝平生是此游。图画诗篇添几许，瀛洲风景记从头。”六钟，至海口，登日本相模丸邮船，船长为野田启太郎，与大贯次郎、牛岛滨助等同船。七钟，展轮，风浪大作，头眩汗下，呕而未吐。

前门东乘火车出都

冠绝平生是此游

按相模丸，船长二百七十英尺，宽三十六英尺（比中尺小二寸），机力一千三百马力，用工人七十二名，每日行二百八十海里，每一海里中国三里。

28,6,24

二十四日　早九钟，望见莱州城郭，过艾山之罘岛。两钟，泊烟台，得诗一首："一角海涯两岸山，海参卫接大连湾。降心暂许荆州借，尝胆终期赵璧还。好是称雄据形胜，何如布化服冥顽。中原地大人民众，先着输他争胜难。"四钟，英医来验行客有无病疫。又和立花小一郎韵："天涯雨霁白云开，话别登临山水限。应让幽燕为上国，敢夸湘楚尚多才。变齐变鲁终归道，同轨同文两不猜。君到中原我东去，梦魂昨夜绕蓬莱。"

二十五日　赠野田启太郎诗曰："握手主人翁，笔谈黄海中。相逢情意合，何必语言通。饮食投吾好，姿容相尔丰（以小照见贻）。赠之以团扇，霁月合光风。"书诸扇。十二钟，启轮，夜风大，船簸扬。　赠日本船长诗

二十六日　恭逢万寿圣节，早，正南行黄海中。下午，行高丽海，群岛环峙夕阳中，属韩国全罗道南部。得诗一首："岛屿星罗浮海中，恍如峡水峡山通。云深应有神仙窟，峰峻难寻田舍翁。人与蛟龙争此道，天教风浪送孤篷。韩南景物已清绝，待到蓬瀛画不工。"九钟，雾大，停轮。

二十七日　早三钟二刻，启轮过太郎岛、巨文岛。晚五钟，入日本海，过对马岛。七钟，过壹崎。赠楠原正三诗云："君似苏秦返故乡，我非叔度愧汪洋。杯盘分设中东品，风雨常联上下床。共济同心泯胡越，别开生面课农桑。天空海阔相依恃，时有云阴送晚凉。"

二十八日　早两钟，日本海口停轮，自天津至此二千

二百四十清里。六钟，验疫启轮。八钟，泊马关，属山阳道山口县，对岸为门司。寓春帆楼，甲午前大学士李鸿章与日本侯相伊藤博文议和处也。饭后，同牛岛滨助、楠原正三等乘人力车查看市廛。其巷衢商民与闽粤沿海风气相似，屋宇饮食器用则皆雅洁。泊登观澜阁，有伊藤题额，背山临水，一畅幽怀。牛岛招饮，至七钟归寓。元稹诗，满天星斗上灯初，可以移赠捕鱼者多燕燎得诗一首："层峦叠嶂海门峻，有客东来广见闻。着屐人人效灵运，当垆处处是文君。云天浴日迎朝旭，席地开筵醉夕曛。忽见潮头明似镜，万千渔艇火初焚。"幸岛佐平为已故翻译齐藤胜治之叔，在寓候见，嘱谢袁总督恤赏银两。

寓马关春帆楼

二十九日　雨，早八钟，登汽车东行。左山右海（每遇险阻凿山洞以通车），夹道皆水田，稻约尺许，种植疏密，与中国同，而泉流不竭，粪多力勤，地利人功兼而有之，此中国所不及也。旱地亦种爪豆、粟谷、高粱、玉米等类，隙地种莲、种芋、种蔬，无尺寸荒芜。田间建亭，储肥料，随时撒用。树木葱茏，山麓至绝顶，大小皆松，道旁松亦成行势，盘曲可爱，皆经人力培护者。村落临海依山，楼台高下，一幅小李将军青绿山水也。茅庵草舍亦如芥子园画式。过山口驿，楠原指农务学堂曰：昔曾于此肄业。六钟，冒雨至冈山县，寓自由旅舍。学堂总办白坂荣彦来见，据言师范学校学生四百二十名，中学校学生三千名，农学校学生百九十名，商学校学生三百名，工学校学生百名，每县中学校四处，私立一处，约明日

登汽车东行

28,6,30

往观。

三十日　早八点，偕楠原正三、王瑚等，至冈山县高等小学校。其训导臧知矩导引，察看屋舍。学生已放暑假，惟女学两处，一七岁以上，一十四岁以上，各数十人，依次列坐。女师举碗持箸，教以饮食规矩，无行不与，馀可概见。又至中学校，学长光冈金雄导引察看，局势较大。各有陈列所，凡飞、潜、动、植之物及全具人骨无不备，女学之针、黹、书、画，亦在其列，索其条规并图各一。又至冈山县陈列所，观所属粗细产物，分类定价，储于楼之上下，但供博览，另有售处所，以嘉善而矜不能也。又游后乐园，高山流水，白鹤松苍，颇饶佳趣，为东备藩主池田氏所经始，已二百馀年矣。十二钟，登汽车。四钟至神户，属兵库县，距马关已九百二十一清里。寓气象万千楼，仍滨海焉，商业较胜冈山。小栗洋行中村邦次郎、中村诚次郎来见。

参观女学校

七月初一日（阳历八月初四日），早八钟，偕楠原正三、中村诚次郎、王瑚、王金成等，察看兵库县一等测候所。所长导登层台，指示如何观测晴雨量计、风针计、风力计、捡电器、地震计、气温日温地温计、日照计、最高最低捡温器等，其机器极精微，以测候规条见贻。次见兵库市及神户市自来水水道，洒水场，储水场。访川崎正藏不遇。十二钟，登汽车，过大坂。两钟，至西京，日本旧都也。市衢似金陵，局势虽不及，而深山大泽，修竹茂林，幽雅过之。农业则以稻田为大宗，秋禾无多。寓三条

测候所（气象观测所）

大通万屋。偕池部、中村、王瑚、王金成等，游大佛殿（佛现半身已三丈许），三十三间堂（供佛三万三千三百三十三尊），丰国神社（祀日本有功于国之丰臣秀吉），清水寺，八坂塔，八坂神社，智恩院。大抵信佛与中国无异，各处庙貌庄严，丘壑擅胜。

信佛与中国无异

初二日　九钟，偕楠原正三等至高岛洋行，查看绸缎花样、新奇刺绣围屏等件。人物、花卉、翎毛，惟妙惟肖，而组织山水，天光水影，有色有声。不独苏杭织造所无，亦为王恽画笔所难能，其价动辄数百金，与中国购王恽真迹相等。其行销西洋居多，日皇馈送我国皇太后及送英君主加冕礼物，尚留副本。十一钟，登汽车，见农事试验场桑园，以今日为最多。其小学堂随处皆有，同车有幼童，每处停车，即以铅笔洋纸记地名里数，并见沿途居家男妇无不手持新闻纸，皆识时务也。街市俱修马路，乡曲小路亦铺沙石，不染尘泥。火车络绎往来，街市有电气自行车、人力车，又有一牛一马驾车者，车长而窄，但运货物。四钟，冒雨至名古屋，属东海道爱知县。小栗洋行佐佐木要一以洋马车来迎，并约同楠原正三等晚酌，寓大宾馆。

绸缎花样惟妙惟肖

初三日　八钟，偕楠原正三、佐佐木要一、陈兆祥等，察看纺织会社。社长安永义四郎导引楼上下。见棉花入机器内，转送十六道成线，仍用机器成包发运，每包二百馀斤，每日成二百七十包。男女工一千五百名，昼夜不息。又至小栗银行，与杉下正命谈商务。并访小栗富治郎

28,7,3

于其花园，名古屋富豪也。又至七宝店，察看工艺，其仿造景泰蓝瓶炉等，较北京工艺局灵巧。十二钟，登汽车，过蒲生郡境，见晒盐场、茶山，前于冈山境亦见之。六钟，抵沼津，北望富士山，云端露顶，其高不亚于华岳，而峭拔逊之。寓杉本和平旅馆，间壁为戏馆，同楠原正三等往观。即以本身衣冠扮演，经池部政次译语。知其离合悲欢之故，尚有情节。 看戏

初四日　早六钟，登汽车。十一钟，到东京，外务省一等通译官小林光太郎、农务局和田彦次郎、小栗洋行木村钢太郎、针古伥吉、丰田清一郎、尾川纯治，车站相迎。寓京桥区木椀町厚生馆。冒雨谒中国公使蔡钧、考查学堂五品京堂吴汝纶，遇北京学堂提调道员荣勋、北京东文学社总教习中岛裁之，畅谈中外情形。招游历官、县丞秦辉祖夜话，有诗云："风景依稀似粤东，此邦旧有古人风。请看截发易装后，百度图新众志同。岂是东邻岁有秋，须知水利胜中州。我来学稼教民稼，富国先从足食谋。使星曾作岭南人（公使随宦服官东粤），萍水相逢东海滨。毕竟蓬瀛何处好，公来一载定知津。异乡风雨故人来，何事匆匆先我回（中岛荣秦将归）。问俗采风游侣少，明朝买棹且衔杯。"是日午后一钟，地震。 至东京 富国先从足食谋

初五日　早九钟，冒雨同楠原正三、池部政次谒外务省大臣，不值。见其总务长官，如中国之侍郎，珍田舍己，据言已接内田公使来电，一切自当照拂。又谒农商务省大臣，如中国之尚书，平田东助，总务长官安广伴一

郎，见农务局长和田彦次郎，农政课长代理月田藤太郎，农课长代理中村彦。并畜产课、牧马课亦均亲诣查看，各以农桑报告等书见贻，并云有事委托，无不效力，嘱于雨霁周历试验场。

初六日　雨，同池部政次、中村诚次郎，至浅草区陈列场，察看各国巨细货物。厂房数十间，货列成行，回环观览，目迷五色，经营者皆妇女，价画一勿欺。又至动物所，每游者付金四钱，中国之四十文，始得入。树木阴翳，不染纤尘，兽柙自狮象至猫鼠，禽笼自鹤鹭至燕雀，皆标题其所由来。鳞介但有五色鱼，其池旁为屋壁，间嵌玻璃，以观鱼之游泳，亦见匠心。牛岛商店百田藤吉、平野新八郎、秦辉祖来见。小栗洋行尾川纯治招饮香雪轩。

参观动物园

初七日　下午一钟，同译人随员等游浅草寺，士女如云，衣裳楚楚。是日为日曜休日，游人较多，如中国赛会然。寺内有动物所，与昨所观者大略相同，惟此象听人指挥，舞蹈作戏，或以鼻捲红毯，拂其四蹄，而蒙其首为妩媚状，始授食，庞然大物亦甘为人戏弄耶！又各屋宇泥塑人物，活活泼泼，衣冠、器具、字画皆不假借，有欢叙者，有争殴者，穷形尽相，不知是何故事，译人亦多不解，俗云活人形也。寺外即戏馆，但作杂技，有与中国相似者，旁以妇女弦歌，男丁鼓吹，观者不甚拥挤。小憩茶寮，遇三五少年，结发为日本装，疑为中华人，询之，果然乃江苏留学生也，相与依依。回寓，伊藤俊三妇来见，据言欲赴华，能文，通华语。

大象表演

28,7,8

初八日　早七钟，偕秦辉祖、译人、随员等，至新桥，登汽车。东行约十馀里，至涩谷下车，楠原正三已先至，同乘人力车至涩谷农科大学试验场。学长松井直吉、场长原凞，导观各所四十八处（通用门，养鱼池，官舍，食堂，寄宿舍，诊察所，机关室及浴室，贿所，兽医学科教室，畜病舍，蹄铁所，传染病舍，图书室，农艺化学教室，物植、林产物试验所，养蚕室，养虫室，动物学教室，事物所，库，农学科诰所，羊舍，脱谷所，农具置场，饲料置场，家畜舍，水家畜舍，干草库，农产物制造所，穴库薰蒸室、标本陈列所，土窖，温室，养蜂所，教室，植物学教室，学生生徒扣所，圃场，苗圃，水田，植物园，表门，体操场，桑园茶园，物理学教室）。大致以辨土质、制肥料为先务之急。有玻璃瓶，植稻一本，以绵塞口。又有磁盆，植稻数本。其稻种、土质、肥料各别，以资试验。盆植板上有轮，有铁轨，阴雨则推入玻璃房，晴则出曝。田间植稻为多，杂粮各有区别，桑若干种，杂树若干种，产于何处，均有标记。其地一千二百亩，屋舍宏敞，无不井井有条。学长以大学一览见贻。留午餐，复冒雨游观，四钟回寓。

至涩谷农科大学试验场参观

农科大学各场所

初九日　雨，访秦辉祖。同留学生湖北傅勋，至芝区三田四国町机械制造株式会社。察看农具，多与中国不同，西洋制者较坚，已开单嘱将该社所无者速制。楠原正三来访，商聘教习等事。

初十日　早十钟，谒镇国将军毓朗。中国公使蔡钧同

参观中央气象台

楠原正三、译人、随员等，至丸之内中央气象台。台长理学博士中村精男、和田雄治导观器械备付室（自记雨量计器，风力计附属电气盘器，日照计器，风力计器，自记寒暖计器，自记晴雨计器，干湿球寒暖计器，空盒晴雨器计，最高低寒暖计器，水银晴雨计器日照计器及现象纸，日记风力计及风计器，地震器雨量计及附属硝子器椒，警报信号所模形，日本地震分布图，云景图气象观测所一览表，其他图面及表二十三种），外部（寒暖计器，自记寒暖计器，日温计器，雨量计器，地震计器），器械室（地震器，风力计及风信器，自记晴雨计器，地震计附属时计，自记晴雨计），晴雨计试验室（晴雨计试验器，地震计试验器），图书室（内外国各气象台表图面书册备附），风力器台（自记风力器，日照计器），寒暖计试验室（寒暖计验定器冰点以上，寒暖计验定器冰点以下，磁器雨量计验定器），预报课（内外国各气象台预报受信所），以中央气象台一览、要览、年报、月报见贻。同至牛込（中国无此字，日音读国米）区佐土原町楠原正三家，小有园林，留饮，五钟回寓。

参观农作物试验场

十一日　早九钟。至上野登汽车，约十分钟，至西个原换人力车，至试验场。场长农学博士泽野淳导观陈列室（五谷各种，农具用镰各种叶烟草及刻叶卷纸卷烟草各种，五谷野菜果物各种，麻各种，农具八种及肥料试验成绩表本，诸器械图，米杂谷及棉花各国种类，人参干燥烟草及刻叶纸卷，改良大麦成绩，蒸馏水制造所，分析试验

28,7,11

用，足尾铜山矿毒试验室，矿毒试验，稻园，衡试验所显微镜室，瓦斯制造器，利用水扬器，害虫试验室，霉菌养生所，被害植物标本，药室药种，霉菌培养所，浮化器虫害统计表调查所，有害蜂有益蜂各标本，霉菌试验室，养虫所，各植物培养所，米质验定所，农作物各成绩验定所），午饭后又观（肥料分析所，肥料各种，标本，化学试验所，器械分析，瓦斯利用有沸腾器，家畜所，家畜病毒试验所，霉菌浮化器，各家畜饲养病毒试验用，制丝场，绢丝试验所，制丝器，蒸气罐利用，农作实地试验所，小气象台一所，农作物五谷杂谷桑茶各种种子肥料试验，烟草火力干燥所，肥料试验证明所，茶制造所，茶制器，蒸气，解舒器，磨茶器，干燥器，养蚕试验所，蚕病毒究理验查所，造制丝品质验定所，茧各种并制丝各标本，病毒各标本，消毒器，蚕种纸，试验所，饲育室四十所储桑藏，蚕种纸制造所，储藏室，养蚕用器具各标本，制丝器各标本）。场长以所印图书若干见贻。识韩国水轮院监督大江卓，日本名士也。四钟回至个原，观制纸厂。以故衣、败絮、稻草蒸烂，入机器洗濯，加以石灰药料，色渐白，机再转，则如泥，由湿纸成干纸，而卷于轴。宽较洋布加半，再入机器裁边，先分为二，再分为对方，即归女工点数装束。变化在顷刻间，可谓机巧矣。 观造纸厂

十二日　同王瑚访吴汝纶，识国民新闻社吉田宇之助。至神田区购真笔，印版陈列场购物，日本桥区正金银行换汇票。移住京桥区新富町一丁目青柳馆。同译人访华 至正金银行换汇票

族女学校学监从四位下田歌子，识浙江留学生吴振麟。

十三日　早九钟，阵幕通高、小宫山卯太郎、田中义一、楠原正三来访。同王瑚、王金成等纵观京桥区官陈列场，各国五金、珠玉、矿质、丝、布、陶冶、竹木各器具，无一不备，真大观也。我国制造者，精彩不足，朴实有馀。

神田区国光馆观画

十四日　早八点，同王瑚、秦辉祖至神田区国光馆，观列国联合北清争战图画。佐贺县学校总办本田嘉种来访，据言该校教习二十八人，学生八百馀名。有兼习农业者，岁费二万五千元，出自民间，另有官设学校。中村诚次郎约观夜剧，其戏馆倍于北京，而席地分区。每出戏毕遮以幔，另易房屋器具，概不假借，戏中雪月，亦加点缀，所演皆忠孝节义故事。

参观农业地质调查所

十五日　早九点，同楠原正三等至丸之内农业地质调查所。技师小林房次郎、吉田弟彦、三成文一郎、关野修藏导观。（日本全国地质图室，化学分析所，瓦斯利用分析所，各地土块收集所，分析衡器重量试验所，精巧衡七台，土块沸腾器，土质器械分析室，分析器干燥所，矿物肥料原料标本室二所，调查所二室，地质明细地图制作所，显微镜室，瓦斯用塘，磷矿分析所，各国矿石收集标本室，日本矿石标本室，测量器械室。）建设费二十万圆，常年经费十馀万圆，技师各以所著图说见贻。五钟，同木村钢太郎查看京桥区电气灯公司。盖用汽力回转，发电机所送电气，由铜线出各户，以火燃之。

28,7,16

同仁会

十六日　同仁会长正三位勋二等子爵长冈护美，及其理事足立忠八郎、园田宗义来访，贻以同仁会规则，盖欲劝诱中国立西学医院及学堂也。

十七日　移住麹町区一番町八番地岩佐纯宅，甫落成者，有楼可以眺远，以竹木为藩篱，三迁就此且住为佳。同楠原正三、王瑚等，到芝区三田四国町机械制造厂，与田原繁议购农具，并观其制造铁木各所。同至骑浦见晴楼，看海上烟火，灯月交辉，游船如蚁，其银花火树与中国大同小异。

议购农具

十八日　同王瑚到青柳馆，送池部政次回北京，以留学生王守善暂代翻译。同木村钢太郎至芝区田町株式会社。村井兄弟商会商业部长仓知诚夫导观制造烟卷，自以烟叶入机器，如水湿，火烘，切丝成卷，截段装纸匣，至装木箱止，皆考查之。女工九百馀人，男工百馀人。此间商业之富，由于销路广，制造多，则游民少，故男妇各有营生之路，绝无流为乞丐者。

见留学生章宗祥、曹汝霖

十九日　九钟，同秦辉祖至支那留学生会馆。识章宗祥、曹汝霖、范源廉、陆士（按：应为世）芬、沈琨、何厚侗等，留饭并贻《同瀛录》（光绪廿七年十二月调查，共二百八十馀名，今年倍之）、《会馆章程》、《政法丛书》、《译书汇编》（法科大学校学生吴振麟等于课馀译录有关政治学术之书，印刷成编，南洋大臣已通饬所属一体购阅）。

二十日　小林光太郎，留学生吴振麟、冯阅模，伊藤稻子来访。访中村诚次郎，考察农具价值单。

二十一日　早九钟，同秦辉祖至上野公园，观博物馆。是其国家所设，将古今各国所有之物类，所用之器具，陈列于层楼上下。日皇御用车服、冠带，历代之金石、文字、货币，不可胜纪，即中国至微末之夹表纸捻亦在其内，他可概见。其鸟兽虫鱼，则存其皮相，而形状如生。植物半属画图，矿山则刻木肖形，并工作状。无非广开民智之意。观者各输五钱，即中国五十文。又至北清大战争处，观图画，与国光馆略同。又至不忍池小憩，四面荷花，约数百亩，中有亭榭画境也。

博物馆无非广开民智之意

二十二日　早八钟，同吴振麟访下田歌子、王守善、冯阅模、曹汝霖。

二十三日　又雨。闻日本今年多雨，秋收歉薄，为数十年来所未有者。早九钟，同小林光太郎至外务省，见总务长官珍田舍己，议聘教习、翻译事。

二十四日　雨中得诗，用吴汝纶韵："蜡屐来游未肯闲，朝朝云影接天颜。传家最羡农桑好，造物何曾雨露悭。蓬岛四围通弱水，松阴重叠护神山。此中洛社人多少，赢得诗名在海寰。"留学生梁直臣、傅汝勤、曹汝霖，商人王愓斋，女史河原操，来见。发袁总督电，请调胡宗瀛充教习兼翻译。

二十五日　中国公使蔡钧招同子爵长冈护美、皇后宫亮山内胜明、内大臣秘书官日高秩父，式部官西乡隆准、福羽逸人，北京警务学堂监督川岛浪速，参赞铨林，翻译

28,7,26

冯孔怀，午酌。同冯阅模、吴振麟，至小石川区，访楠原正三，与所荐教习指宿武吉、岩田次郎相见。访贵族院议员伊泽修二。识留学生、庶吉士戴展诚，举人杨度，同乡汤时敏，日人刑部齐，作新社农学士宫地贯通。 与杨度相见

二十六日　同秦辉祖到神田八尾活板刷印局，松屋三井吴服陈列场，查看各种。中村诚次郎、小宫山卯太郎、凑守磨、刑部齐来访。访楠原正三、指宿武吉、岩田次郎，议购农具。

二十七日　早九钟，访公使署随员张金鉴。到京桥区活板刷印局，查看造字刷印所。收生徒，亦有专门教习，一艺之长亦非易易，拟徵言启，嘱通时务者各纾所见，以裨益中国新政。四钟，到京桥区西绀屋町高岛饭田吴服店，查看刺绣绒织画件。京桥区中桥广小路町野泽组洋行，议购农具。 查看造字刷印所

二十八日　收袁总督回电，胡宗瀛翻译事回津商订。早八钟，访秦辉祖、冯阅模。到支那会馆，与浅草区七轩町制造会社筱田镳藏，议购农具。访王仁乾，同至京桥区出云町画馆，购学堂教育参考应用画幅。又吴服店购绒织画品。筱田镳藏来见，并贻农具价值刊本。

二十九日　凑守磨以中国旧字画来观。早十钟，新桥接贝子载振至上野公园精养轩谒见，访随员梁诚、汪大燮等。 接载振至上野公园

八月初一日（阳历九月初二日），雨，早七钟，访冯阅模，神田区一桥牙医今泽恒二。到高岛增见屋买织物。

楠原正三交来应购农具清单十一件，同随员王瑚等查核。晚四钟，子爵长冈护美招同同仁会理事藤井兼一、冯阅模饮浅草区今户町本邸。即席赠诗：“君是邻邦医国手，富强勋业冠三山。万家托命中东幸，一视同仁痛痒关（提倡清韩医学）。放眼开怀蓬岛上，岚光帆影酒樽间（饮光霁楼临隅田川）。缘联翰墨永今夕，海外交深展醉颜。”

海外交深展醉颜

初二日　雨，查核农具清单。楠原正三来访，商酌略减。早十钟，同冯阅模，到松屋、增见屋等处购物。访吴汝纶、小林光太郎、宫地贯道，谈农务。筱田镳藏来议农具事。和长冈护美即席原韵云：“居近山隈与水隈，招邀新月共衔杯。君思东亚疮痍复，我为中原稼穑来。按剑空怀燕壮士，经邦敢说楚多才。劝加餐饭济时局，同乐桑榆且莫哀。”

我为中原稼穑来

初三日　早九钟，访中村诚次郎，议购农具。晚，观九段劝业场。题长冈护美诗集，用见题壮游图韵：“一卷琅琳是大观，蓬莱顶上几回看。迢遥吴楚曾携屐，矍铄精神老据鞍。万里名山兼好友，此身义胆与忠肝。交游更欲遍天下，诗酒长联四海欢。”

题长冈护美诗集

初四日　早十钟，到九段劝业场。同中村诚次郎到芝区三田制造会社，查看农具。西京商务留学生孟繁英，外务省翻译官小宫山卯太郎、小林光太郎，农学士宫地贯道来访。

初五日　早十钟，同中村诚次郎、王瑚到日本桥区吴服町，访中野要藏，考察织带机器，并武职西装戎衣。又

28,8,6

约同山藤富次郎、劝业新报记者大内宗雄，饮龟清楼。赠诗云：“隅田川上雨纷纷，顾曲开筵香正薰。贤主多情人尽醉，好将愁绪化烟云。”公使馆参赞官安徽道员铨林，翻译官铃木恭坚来访。

初六日　访吴辟疆、宫地贯道。复中村诚次郎函，商购农具。《劝业新报》馆记者太内宗雄索诗，赠以二律：“长安市上酒同斟，促膝欢联风雨吟。劝业由来取西法，立言堪作指南针。不偏不倚春秋笔，公是公非铁石心。一纸新闻遍天下，味如脍炙耐人寻。岂屑人云我亦云，挥毫落纸似烟云。此长彼短衡量准，激浊扬清泾渭分。为劝百工评月旦，每逢一事慎风闻。五洲努力劝功业，不负先生翰墨勋。”《电报通信》记者大町鸿雪来访。

日本记者索诗

初七日　雨，早七钟，同吴汝纶、湖北留学生监督、知府双寿、翻译官小村俊三郎、木野村政德，至芝区爱岩町警视厅，晤第一部长吉见辉，第二部长松井茂，官房主事菅井诚美，医长山根正次，总监大浦兼武，各导观所司各事。凡国内刑政、户口、巡防、盗贼、火患、建筑、医疗，皆综理之。吉见辉衍说其事，小村俊三郎译语。四面层楼，上下官房，题名于门楣。办公员役，各伏案稽簿领，并有专阅各种日报者。其司火政者，特命驾马车驰出，作救火状，以示神速。四钟，同王金成至芝区慈惠医院，吴汝纶、游历官、翰林严修亦至访。从三位、医学博士高木兼宽导观病所，男女约三十馀人。寻常病者，联床相距约六尺许，病重者各居一室，佣女工七十馀人以伺候

参观警视厅

之。有病喉不能下咽者，胸次开孔，唧以小皮袋，灌入牛乳面食，询之，可以充饥，是何神工鬼斧耶。日皇后岁临一次，省视病者，赏金七千圆。自开院至今，病愈者十九万馀人。又至医学堂察看其陈列枯骨、脏腑、儿胎，皆可长人知识，学生二百馀人，未满暑假。

初八日　雨，早七钟，偕王金成、双寿、小村俊三郎、木野村政德，赴东京市巢鸭监狱署，外局即宏敞楼宇，仿西式警视厅。典狱官神野忠武导观囚室，每室容十二人，有枕被、涤器、溺器，罪重者赭衣，轻者蓝衣。有能竹木、铜铁、缝织手艺者，各从所学，派员督率，分厂制作，成物易金。入官幼童则设学堂教之，并有僧人说法使之忏悔，下愚之辈则供洒扫、厨灶、农圃之役。在狱犯规为重（平声）罪，另囚一室，减食七日。共一千七百二人，初疑图圄空虚，继知各有所事。病者移病院疗治，初入无病亦留五日，始分别安插，恐传染病也。日三餐，一饭、一汤、一盐菜，安铁道送食。隙地种蔬，敷狱中用。周围约三万六千丈，此东京监，所以禁十年以下者，另有国监六，则皆永远监禁者。明治维新后，斟酌各国制度，始尽善也。又至东京市绅民自办之养育院，即中国之孤贫院、养济院也。委员长男爵涩泽荣一导观各所，男妇老幼八百一十馀人，有百岁妇尚强健壮者。各作工业，盲者教以琴，哑者教以认字，以手比试其字义。幼者分弃儿、遗儿、迷儿三项，皆教育之成丁后为人义子，或为奴婢。怀抱者有乳母以抚养之，至五岁以上则入学堂。先由

参观巢鸭监狱

参观养育院

28,8,9

女师教以玩物，如叠纸片为器皿，架木屑为房屋之类。并见一女师抚琴，两女师引群儿循铁轨围圆，唱歌舞蹈，所以和其血气，长其智慧也。岁费四万馀元，有十二万元生息，不足者捐补之，日皇后岁赏二千元。其办法之周，至屋舍之净洁，深堪嘉尚。两钟回寓，至神田区写真馆。中村诚次郎来访，议购农具，仍未决。

初九日　雨，早七钟，同吴汝纶赴日本桥区警察署。署长山下嘉太郎导观各所，书记官十二员。有司功过表者，以所辖地面强盗、窃盗、掏摸、诈欺、其他犯罪发见（译言获犯）之多寡定之。有稽查户口、营业、卫生、车马、旅店者。有收呈所（书记官在大门内窗口收呈，而口诉者居多，副署长设座于右，听之极简便，无捍格），讯问所，应接所，休息所，留置所（暂时羁留，定罪后送狱）。此东京二十四署之一，辖分派所二十五处（在各街要处），巡捕官八员，月支薪水至多二十五圆，巡查一百九十九名，月支薪水至多十五圆，一昼一夜换班（礼拜日不休息）。分派所每日将有无各项案件注表盖章呈署，该署汇呈警视厅总之，以今年案件比较上年多寡。每月巡捕官至署会议一次。立法严密，虽尚有窃盗，绝无强盗也。署长又令壮士披盔甲，击剑，击拳，观其捕盗状。一钟回寓。严修来访。同王瑚访小林光太郎，商购农具事。

参观桥区警察署

观壮士捕盗状

初十日　早九钟，同小宫山卯太郎、王瑚，应楠原正三、京桥区万安楼之约。同座为新教习农学士山中寿弥、指宿武吉、岩田次郎。嘱带应用农具，先赴保定。同秦辉祖至神田区锦辉馆，观活动写真，以电气幻灯射影于壁，人畜蹈舞奔走，毫不勉强。

观活动写真

十一日　早八钟，同吴汝纶至日本桥区东京府，晤知事（如中国府尹）男爵千家尊福。视学官冈五郎，书记官床次竹二郎，导观各官房，管官私学堂等事。市面置造衡量等器，先送府考准，又印记，方可出卖。其东京市役所附于署内（约与中国局所相似），亦各导观，赠以图册，无不井井有条。一钟回寓，邻人大久保武雄来访。同小宫山卯太郎，访诗人森泰来，以其浩荡诗程、新诗综，并所刊中国嘉道六家绝句见赠。到芝区小村唯一古玩店，不如中国远矣。

访日本诗人森泰来

十二日　刑部齐、新闻社横矢重道、小宫山卯太郎来访。二钟，同王瑚、王金成、陈兆祥、张巽至万安楼，招楠原正三、山中寿弥、指宿武吉、岩田次郎、大内中野、中村诚次郎、小宫山卯太郎晚酌，并留影为共济图。农学士谷井恭吉同留学生金邦平来访，极言北海道农学与中国相宜。

十三日　北邻宫中顾问从三位岩佐纯又、大久保武雄来访。早八钟，同王瑚到青柳馆，访楠原正三等，查看农具。访神田区松枝町诗人永坂周二，以所藏中国书画出示，赠诗云："一笑相逢证夙因，同文国似齿依唇。几窗都仿幽燕好，书画犹存唐宋真。小有园林容啸傲，大开坛坫亦经纶。朝衣脱却十馀载，种树成阴竹有筠。"遇诗友

查看农具

28,8,14

内野五郎三。

十四日 贵族院速记技手荒浪市平、谷井恭吉、冯阅模、齐藤鹤治来访。早八钟，访小林光太郎，议农具事。嘱王瑚送新教习指宿武吉、岩田次郎赴保定行。同吴汝纶赴文部省，规模甚大，听参事官松村茂助演说大学堂事务。回寓，书画各扇。五钟，同荒浪市平赴本乡区酣雪亭永坂周二之约，同座为森太来、关泽清修、手岛知德、森川键藏、菊池晋三、内野五郎、三江木衷、岩溪晋、吴启孙，皆诗人也。即席赠诗："海外论交见性真，平分秋色预留宾。举杯座上皆今雨，邀月天边属故人。君在江湖怀北阙，我来蓬岛乞东邻。不如农圃甘私淑，更与吟坛李杜亲。多情为我聚诗仙，酒绿灯红月欲圆。共醉层楼人十二，将归弱水路三千。喜联东亚同文会，来结西园雅集缘。好句如珠压装去，主宾姓字共流传。"同座皆有和作。

同座皆诗人也

十五日 早八钟，同秦辉祖赴横滨，取袁总督汇银，办烟卷机器。回寓，小林光太郎来，议农具事。五钟，同王瑚、王金成、秦辉祖、谷井恭吉、宫地贯道饮神田区中国关雨楼（日语谓之支那料理，料理者饭馆也），冯阅模等未至。作四绝云："霎时阴雨霎时晴，佳节登楼畅旅情。天为此邦庾亮少（日本维新后称是日为古中秋节），不教月放大光明。四座传杯醉六人，秋风张翰忆鲈莼（与楼主同乡）。支那更有东坡肉，可胜蓬莱海表珍（日本人嗜中国菜）。客从北海到东瀛（谓谷井、宫地），闲

购买烟卷机器

话桑麻愿耦耕。无数大田精稼穑，何时榥札（地名）月中行（将同赴北海道考查农务）。停杯待月倚危楼，有约不来无限愁（冯阅模等因雨未到）。为语宝山莫空入，珊瑚网到便归舟（皆留学将卒业者）。”识长崎领事署翻译官唐宝锷，广东留学生冯博、张淦光、陈懋功、谢祖治、李濬枢、宗念慈、陈廷泰、陶敦勉，江苏考查学堂官项文瑞。

十六日　早八钟，同小宫山卯太郎到新宿植物御苑。式部官福羽逸人公出，其官舍市川之雄导观花园（藏花皆玻璃房，各国兰花尤多，有种于木篮露根尺许而花下垂者）、果园（有将树枝编为篱为栏者）、菜园、树园、动物园（饲百鸟百兽），皆备宫中玩赏者，日皇、皇后不时临幸。小林光太郎来议农具事。

参观皇家植物园

十七日　早九钟，访永坂、周铨林。又访牛込区永井久，不遇，留诗一首：“看竹何须见主人，花花草草各精神。园中更有乔松在，我与盘桓意已亲。”

十八日　早九钟，同秦辉祖、王仁乾至天狗烟草制造厂。岩谷松平、白尾国芳导观一切。与前月十八日所观村井兄弟商会大略相同，而局势较大，拟派人学制烟卷，以杜中国漏巵。二钟，同小林光太郎、王瑚至外务省，与楠原正三、木村钢太郎商定农具事。冒雨回寓，收袁总督回电，照办皇差陈设各物。永坂周二、菊池晋三、内野五郎三人来访。

拟派人学制烟卷

十九日　早十钟，同王瑚至外务省，与楠原正三、木

28,8,20

村钢太郎议立农具合同。三钟回寓。到高鸟屋，查购办差物。赠森泰来诗："蓬岛诗人先识君，连宵尊酒细论文。我行有记辨鱼鲁，君腹充肠富典坟。歃血为盟执牛耳，冲霄之鹤立鸡群。相逢莫惜马将老，伏枥难忘一战勋。" 议立农具合同

二十日　早八钟，同秦辉祖、王瑚、王金成至高岛屋，购办差物。二钟，访宫地贯道。至小林光太郎处，与小栗洋行木村钢太郎合同画诺，付银。五钟，赴永井久之约，同座为吴汝纶、其子启孙，森泰来、永坂周二、岩溪晋、江木衷，分韵得麻字："团圞才醉月光华，击钵声中笑语哗。今夕相逢成旧雨，诸公好句灿晴霞。未留爪印先联影（留同座影），为访神仙远泛槎。可惜蓬莱难久住，将归燕赵话桑麻。"又和永坂周二韵："四座方酣饮，骊歌门外催。人如秋菊淡，山向日光来（将游日光山）。我尚恋三岛，君须进一杯。平原馀十日，相与且徘徊。"

二十一日　雨，嘱王瑚同谷井恭吉、金邦平代，赴北海道考查农务。早八钟，同秦辉祖到横滨，购办差物。六钟回寓。

二十二日　雨，早九钟，同楠原正三至上野，乘汽车赴茨城县。三钟，至水户县官治所也。访茨城县知事（即县令）河野忠三。到农务学校、制丝所查看，一切与东京无异。寓芝田旅馆。六钟，同楠原赴茨城同官清香亭之约。主人为茨城县参事官高桥诸随、警务长中岛精一，茨城县书记官户田恒太郎，农学士秦一郎、治横山基、吉中村鼎，农学校长三宅铿吉，试验场菅野钜次郎，农会常 赴茨城县

务干事床井弘，农技师菊池直一郎、松崎加藏，技手挟闲虎吉、小滨泰、长滨直哉、菊池孝，农学教习吉田直方，农会书记飞田德次郎，新闻理事佐藤秋苹、泷台水，茨城县郡长福田晋丹、诚辻永光，水户测候所长宇野藤熊。入座后，三宅铿吉起而言曰：公远来日本查考农务，不胜荣幸之至，今特张宴以尽欢忱。敝国维新后始讲求农务，尚无可观。贵国地广人稠，如果实力为之，必较敝国事半功倍。今公虚怀探访，不识能裨益于贵国否？谨代同官陈词。吉田直方翻译华语相告，合座鼓掌为礼。璟亦起而答曰：贵国农务日有进步，敝国早有所闻。直隶总督袁宫保奏派不才前来考查农务，前在东京各处，及到贵县，窃见人功水利兼而有之，是为敝国所不及。今兹取法一切，并聘订教习，购求农具，将来富国强兵亦基于此，贵国之惠也。且诸公一见如故，开宴相招，邻谊之隆，良可感也。因赋诗曰："张筵喜我远来游，我道司农善运筹。山借森林作衣被，民将精力付田畴。不容阡陌留馀地，赢得闾阎庆有秋。漫道农桑新法好，天时水利在人谋。"吉田直方操东语译述，合座亦鼓掌致礼。各以扇乞书新诗，即席应之，各和诗见示。

富国强兵基于此

二十三日　昨晚主人陆续来访，复对客书十馀扇，以应所乞。早八钟，三宅铿吉、菅野矿导观农事试验场。地约五百馀亩，水田多于旱田，房约八十馀间，执事者十九员，农工四名，每年约用短工三千工。每亩布种三合，获稻五斗，乞其米、麦、豆等标本。又至师范学堂，学校长

为日本友人书扇面

28,8,23

铃木龟寿导观各所。教习三十员，学生四百馀名，四年卒业。一钟，乘汽车赴日光山。望之幽深，得诗一首，用吴汝纶韵。“方壶圆峤隔人间，携屐扶笻愧俗颜。画笔经营无处着，诗情到此一何悭。百年荏苒几观海，五岳归来又看山。最爱楼台起空谷，不如鸡犬在仙寰。”六钟，至日光市，寓小西楼。诗云：“天末西风夕照沉，好山重叠树阴森。市廛处处泉流响，松竹家家院落深。故国罗浮堪并峙，瀛洲岛屿遍登临。我来游兴方酣发，谁放云为出岫霖(时遇雨)。”

二十四日　早七钟，登山至东照祠，一路泉声如吼，山云如涌，未几复雨，遂回寓。叠前韵云：“雨滴松涛泉韵间，天公为客洗尘颜。振衣枉被阴云湿，搔首缘何霁色悭。上下湾环多佛寺，虚无缥缈属神山。此行不负终辜负，恨是苍烟迷海寰。”十钟，登汽车。五钟，到东京。访秦辉祖，托购办差物。访中村诚次郎，催运农器。 东照祠

二十五日　早九钟，同秦辉祖各处购办差物。晚六钟，同吴汝纶赴外务省大臣小村寿太郎官舍之约。同座为文部大臣菊池大麓，文部总务长官冈田良平，文部大臣秘书官田所美治，东京府视学官冈五郎，警视总监大浦兼武，农学士楠原正三，外务省总务长官珍田舍己，翻译官小林光太郎、小村俊三郎。即席赋诗：“一帆风正入扶桑，俗美化行非旧章。宴乐五洲心共醉，欢联万国客观光。桑麻遍野亦新法，山水多情不可忘。赋别匆匆几回首，天空海阔暮云苍。” 同吴汝纶赴外务大臣之约

二十六日　早十钟，同小宫山卯太郎访农商务省大臣平田东助及农务局长和田彦次郎，中国公使蔡钧、参赞官铨林等处，辞行。到芝区写真馆，购办差物。五钟，冒雨访永阪周。赴冯阅模酣雪亭之约。

二十七日　风雨大作，层楼摇动，树拔墙倾，不可胜纪。电传都国府一带海啸，居民被灾特重，时许始晴。午十二钟，同秦辉祖、冯阅模、曹汝霖、章宗祥饮酣雪亭。到上野看白马会，陈列各种油画。访小林光太郎，见其所荐翻译卢绍鸿，订定一切。六钟，赴小栗富次郎之约，同座为楠原正三、尾川纯治、山藤富次郎、中村诚次郎、和梶川纯。治韵即席赠小栗富次郎云："海天漫道客帆孤，七子同归识旧途。饯别筵前歌舞罢，殷勤励进酒盈壶。"

海啸

二十八日　早八钟，同吴振麟、冯阅模至华族女学校。学监从四位下田歌子，教授正六位浅冈一及伊藤稻子导观各处。其地一千七百坪（六尺见方为一坪），建筑费三万馀圆，常年经费一万五千圆。男女教习五十人，学生四百八十名，幼稚学生八十名，皆王公大臣女子也。其功课则国文、历史、地理、修身、植物、图画、造花、数学、英学、音学、裁缝、家政学（如保姆、烹调之类）、体操（男师教导，女师鼓琴）。幼稚学生分四岁以上为一室，七岁以上为一室，功课与八月初八日所记略同，其在学时许，休息半时许，不以为苦。十二钟，赴公使蔡钧之约，同座为参赞官铨林、吴广霈，随员李盛銮、王宗炎。六钟，赴邮船会社总办近藤廉平之约，同座为吴汝纶、子

华族女校

28,8,28

启孙，森太来，永井久，岩永省一。索书屏幅，并和森太来即席韵：“张筵饯别暮云横，天为将归放晚晴。昨夜风雷惊不测（海啸被灾多处见新闻报），中兴岁月醉相争（汝纶云，中国变法三十年，亦必可观，犹及身见之。主人云，但须十年耳）。主人高隐林园好，邻国光分奎壁明。共约重游来博览（明年大坂有各国博览会）。琵琶湖上续诗盟。”十钟回寓，小林光太郎同卢永铭子绍鸿候见，订绍鸿同行。森太来送，代印东瀛倡和录来。

中国变法三十年亦必可观

二十九日　早三钟，束装。五钟，至新桥火车站，楠原正三、山中寿弥亦至，秦辉祖、王仁乾、森太来、小宫山卯太郎、山藤富次郎、伊藤稻子、青柳馆主人来送行。适王瑚同金邦平自北海道回来，亦同归，其查看农务情形另录于左（未收录）。即时车发过沼津、名古屋、西京，皆来时宿处也。夜十钟，至大坂，寓花屋，街市繁盛，为日本制造较多之处。和秦辉祖送行韵云：“先我来游已倦游，相逢强作几旬留。梦惊骤雨狂风夜，眼看青山红树秋。阅历安能周海宇，光辉毕竟是皇州。知君缓挂归帆意，钓得鳌鱼愿始酬。”

至大坂

三十日　早八钟，同楠原正三、王瑚、王金成，看新建各国博览会场，尚未竣工，来年正月成会。又至陈列场。二钟，又同楠原正三等购办差物。十钟，登汽车。

九月初一日（阳历十月初二日），早八钟，至广岛沟口旅馆小憩。十二钟，乘人力车至宇品，登陆军长门丸兵船。三钟，展轮。

坐陆军兵船返程

初二日　早八钟，至马关。作益壮图记。

初三日　早观日出，有诗云："我到东瀛暑气蒸，秋清才见一轮升。祥云焕彩争先捧，沧海为池浴后腾。文运天开光四表，臣心葵向祝中兴。曙曦自是扶桑始，华夏今将万象征。"作图记。晚过高丽海。夜，大风。

初四日　风愈烈，同舟无不废食者。晚过烟台。

初五日　风少息，作图记。晚泊大沽。

晋谒袁世凯

初六日　早四钟，过小轮船至塘沽。九钟，袁总督赴山海关过此，停车匆匆晋谒。一钟，至津。

黄璟考察农务日记

人名索引

四画

五画

六画

七画

八画

九画

十二画

十三画

十四画

十五画

十七画

十八画

罗振玉扶桑两月记□

光绪二十七年（1901）

十一月初四日　　启程赴日

十一月初六日　　抵长崎

十一月初九日　　到东京

光绪二十八年（1902）

元月初三日　　离开东京

至西京参观

元月初八日　　由大坂发神户

元月十二日　　返抵上海

□ 据光绪壬寅（1902）三月教育世界社印本
□ 周功君校点

自序

光绪辛丑，奉新宁、南皮两宫保命，至日本视察学务。仲冬启行，新岁遄归，在东仅仅两月耳。此两月中，凡与彼都人士所考究，归寓辄篝灯记之。至此次调查宗旨，于教育外，兼及财政，因财政为百务根元，财政不修，百为都废，教育亦无由而兴也。顾舟车所至，时日苦短，又语言不通，致多阂隔。其所叙述，词在达意，随得随记，亦无伦脊。草草付刊，自知弇陋，欲求详尽，尚俟续游。壬寅二月下浣，上虞罗振玉书于清溪傅氏水阁。

赴日调查宗旨

27,11,4

罗振玉扶桑两月记

赴日视察缘起

辛丑冬十一月，初四日　渡日本视察教育事务，奉南皮、新宁两宫保命也。九时，携刘生秩庭（大猷）登神户丸。同行者为刘君聘之（洪烈）、陈君士可（毅）、胡君千之（钧）、田君小莼（吴炤）、左君立达（全孝）、陈君次方（问咸）六人。刘君为湖北两湖书院监院，陈君等五人则自强学堂汉教习也，此行亦为视察学务，被南皮宫保之命同予前往者。

初五日　风略大，船颇颠簸，与同人至舱面稍坐。

长崎山水清绝

初六日　晨抵长崎，入市闲览，山水清绝，仿佛山阴道上。午正归舟。晚间，舟大颠簸，夜寝不安。盖东行海程，以由上海至长崎为颠簸最多之处，次则过长崎不远将近马关之处也。此行幸未遇风，尚不甚苦。

初七日　晨抵马关，睡中因医士验病，促之起。邮船每抵一埠，即有医士上船验病，此时病者甚少，故检查颇草草，若值疫期，则必详密检查云。是日风静舟稳，眠食俱适，舟中浴海水，身体甚快。

海水浴

初八日　晨抵神户，至领事署拜黄伯雨太守（以霖）。伯雨邀至改良亭午餐，馔中牛肉颇肥嫩，惜太生。案日本牛以神户为最，屠杀之前一月，必饲以精料，故甚美。午后六点七分钟，至三之宫火车栈，趁汽车发东京。夜间见大野有雪痕，知此间久见雪矣。

日本牛以神户为最

初九日　上午十一时到东京，范君子文、路君壬甫、王君惕斋在新桥车栈相待，因导至京桥区西绀屋町五番清净轩旅馆。午后至神田区购新书数种归。

到东京

清净轩对古城址，老松罗列，风景颇佳。案日本之松，皆干短而枝长，其种植之法，于根下布石子，则直根不加长，而横根四出，凡树木直根长者干亦长，横根长则枝亦长也。

旅馆亦极洁净，楹几楚楚有致，绝无纤尘。世界万国中，居宅极洁净者，不得不推日本矣。

日本居室极洁净

初十日　午前至神田区购书。午后至上野公园博物馆，人出三钱买游券，乃得入。馆中列品甚多，以古化石及古陶器、古刀剑为最多。中有盲人西岛中丹，以纸捻所制《道德经》，洵精绝。其馀品物繁夥，目不暇给。中有予所赠之汉画、石刻、晋砖、古盏、古陶尊在焉。

公园左侧有西乡南洲铜象，在彰义队义士墓前。彰义队者，忠于德川氏，以孤忠抗南洲而死事者也。归途过文行堂书坊，得《续高僧传》写本残卷一轴，白麻纸两面

27,11,11

书，宋以前物也，并购旧书十馀种归。

十一日　拜蔡和甫公使。购书过芝区，长松夹道，景色秀绝，古人所谓十洲三岛，仙人所居，洵不诬也。　拜蔡和甫（蔡钧）

十二日　作致沪上戚友书。日本文明之机关，最显著者有三：曰铁路也，邮政也，电线电话也。此三事为交通最大机关，而文明由是启焉。故开民智以便交通为第一义，我国若三十年前即开铁路，何至今日尚否塞如是乎？在旅馆中数日，每日必见邮便车络绎不绝，而电话则处处安置，数十里数百里如觌面，便何如乎！电报价值极贱，此亦助文明开世运之一端，我国将来亦必仿行乃可也。　开民智以便交通为第一义

考日本货币之制分四种：曰金货，黄金九百分和铜百分；银货，银八百分和铜二百分；白铜货，铜七百五十分和镍格尔二百五十分；青铜货，铜九百五十分和亚铅五十分。纸币则政府流通者二百一十九万九千圆，国立银行者五十九万四千圆（明治三十三年数）。

日本议院之制，贵族议员分四等：曰皇族，曰五爵，曰敕选（即有功于国，天皇特旨用之者），曰纳税多者。其纳税额最多者，岁至一万二千馀圆。至众议院之议员，则不拘职业，凡官员、医师、新闻记者、辩护士、银行及会社员、农工商业暨矿山业、杂业与无职业者，均有之。其年岁在三十以上六十以下者居多。　日本议院之制

日本财政，于地税外，更征所得税，盖就国民每岁入款征之，岁入三百元以下者不征。阅其统计表，明治三十二年，所得税总额为六百零八万七千九百一十二圆。今中　中国可开征所得税

国财政困难，丁税已并入正税，既不能更出，则所得税可行也，但必须警察既立以后，乃能无弊耳。

十三日　至神田区购书。午后移寓麹町区永田町二丁目二十八番地，屋三楹，在山巅，颇净爽。

十四日　东友古城贞吉来谈久许。午后拜蔡和甫公使。

购教科书

十五日　购中小学用教科书，兼购日本古泉币数十枚。是日晚间，东京市火，风甚烈，然不久即息。从前东京火患甚多，及消防局立，而火灾大减。消防局隶于警察部，司其职者，有消防士，消防机关士，机关手，其规模甚精密。

十六日　书林送各种教育书来，选留百馀册。

十七日　体中大不适，腿软而酸，拟明日至箱根浴温泉以疗之。

十八日　午后至箱根，寓塔之泽福住楼。地极僻静，在山之腹，泉声如骤雨，令人心脾俱爽。是晚浴温泉，体略佳。

日本烟草归国家专卖

途次遇中岛农学士（正四郎），现为农商务省专卖局审查官。言日本全国烟草归国家专卖，每年平均之数赢一千万圆，为日本国用岁入之一大宗。今中国方苦度支不给，此可仿行者也。

十九日　早起，见四山环抱，林木森郁，虽山骨壁立之处，亦有苍松翠筱，可见东人之不弃地利。若中国能仿行，其利顾不大哉。且查箱根之山，表土甚浅，往往见山

27,11,20

骨。若中国之山，表土多丰厚，然濯濯如髡首，岂不可惜哉。午刻，至玉帘之陇观瀑布，并至发电场，该场以瀑布发电，箱根至东京电车即用此电也。闻西京用水电者甚多。中国则可兴此利之处不少，惜无起而图之，以为民倡者。观览之馀，为之浩然兴叹。 以瀑布发电

二十日　中岛君与其友真山（总三郎）、泽村（真）、大林（雄也）三学士，及其师佐佐木（忠二郎）来避寒，同寓福住楼，来拜。佐佐木博士为日本昆虫学山斗，现为大学教授。大林君现为西原讲习所长，精于制茶，与谈制茶事，渠允赠制茶报告，订于下月间在西原讲习所相见，意甚挚。早餐后，入市闲步，购寄木小器及漆器数事归，皆箱根名产也。

二十一日　返麹町寓，晚至新桥博品馆购物。是日为阳历岁除，市上人家门首，多插青竹三枚，斜削如马蹄状，而外面间以松梅，更以稻稿为绳，横系门楣，而悬稿纸累累于绳上，其岁景如此也。

二十二日　为阳历元旦，整理所购教育书籍。午间至左近日枝神社，见彼邦人来拜神者甚多，其礼式鞠躬鼓掌，口中喃喃默祝，祝已，施钱于神柜而去。宗教之力，能移人如此，五洲所同也。 日本人拜神仪式

二十三日　到此正值彼邦停学之时，学校不能往看，甚闷闷。午后至神田区，购《青渊先生六十年史》而归。青渊先生，涩泽荣一号也。涩泽氏为东邦实业大家，凡银行、铁路、刷印、电车、邮船、电线、电话等一切实业之

实业实 涩泽荣一

发达，皆先生为之启发，经营三十馀年间，而国家致今日之隆盛，洵伟人也。异日当摘译为小册，以劝我邦之实业家。

二十四日　闻客言，日本去岁，商船学校诸生毕业，学驾驶，舟行不远而沉没，学生数十人皆无踪迹。此成绩大不良，然后来报考入校乃较多于前。此可见彼邦人之勇猛励学，遭失败而不惧，可敬可畏也。

日本政书

二十五日　读日本政书，载其开矿定章，凡矿物未经采掘者，属国家，不许外人采掘。本邦人采掘者，须呈请农商务省，核准矿区。每区面积，煤在一万坪（每坪六方尺）以上，他矿物在三千坪以上，均不得逾六十万坪云云。今我政府不能预定开矿章程，致外人又索开者纷至，动至指一省一府之地为限，吁可异也。为今日计，何不下令听民间开采，以敌外来之势力乎，是所望于当道者。

二十六日　至下谷区池之端仲町琳琅阁书肆看书。该店专售古书籍，然中土古籍不甚多，非若昔者往往有秘籍矣。购得梁李逻注《千字文》一册，灯下观之，实系伪书。其注中言宋帝刘裕取钟繇所书《千字文》，命王羲之次均云云。注中又有贞观年代，其文鄙拙可笑。曩于日本图经中见此书名，颇意为秘籍，今乃知是伪作，可发一噱。又购得《史记·河渠书》卷子本半卷，《欧阳文忠集》一部。欧集为三十六卷本，前有苏文忠序，熙宁五年七月公之子发所编定，中土所无也。

购得一伪书

27,11,27

二十七日　选教育书中切要者五册，送陈君士可等分译之。是日脚病大作，晚间至不能步。

二十八日　读东籍，知彼邦制度，地方参事会员、市町村役场员等任地方之事者，或不给定俸，以名誉职遇之。曩读《周礼》，前人以为设官太多，禄不足以养之，今参之东制，疑周官所设之官，必有如东邦今日之制，所谓名誉员不给俸者，著之俟考。 不给俸禄之名誉职位

二十九日　读日本统计书，载明治三十四年度岁入预计，印纸一项，收入计一千三百六十九万九千零六十九圆。以中国地方面积计之，不啻十馀倍，若停厘金而代以印税，极少之数，亦不下三四千万。当道亦何所迟疑，而郑重于裁厘金一事，不顾民生之凋弊如此哉。

今日言理财者，尚胶执商为末富之言，谓与其加农税，无宁取商税，此大谬也。农工商三者同为国家财政之枢要，譬之人身，农犹咽喉也，工犹胃腑，商则大肠也。若咽喉无病，饮食入胃，而大肠窒塞不通，则胃不消化，而咽喉亦不能独奏养生之功矣。此理浅近易知，而顾多昧昧者，不可解也。 农工商为财政枢要

三十日　因足病甚，至横滨乞医。医者汤君言，是脚气，为处方。兼至露清银行贷金三百圆，因旅费已告罄也。 贷款作旅费

十二月初一日　贵族院议员伊泽修二君，托公使蔡京卿介绍，欲订期相见，与定初三日。伊泽君为彼邦教育大

家，初游学欧美，归任文部省编辑官，手订教科各书，已而为高等师范学校校长，今闻予来，故欲一谈教育事云。

初二日　连日服药大不效，举步皆艰。日本东京之土质甚松软，稍冻则膨胀，连日庭土坟起，而草木无瘁色。屋角茶花，含苞欲吐，与江浙气候大异。街道甚宽广，然满布砂砾，其广狭有定制。从东京达镇守府，从镇守府达师团所在地，为国道，广二十四尺至二十八尺。接续各县，及从各师团达分营，或从各府县本厅达支厅及开港场，为县道，广十六尺至二十尺。贯通村落，及从村落达田野、河流、矿山、工厂、神社、佛阁之道，为里道，广狭无定制，此中国所当仿行者。又市间道旁有尘芥容器，贮积尘芥，以木制之，此亦与卫生有益，亟当仿行者也。

道路行国道、县道和里道

道旁有垃圾桶

初三日　使署译员冯君，同伊泽君来拜，与谈良久。伊泽君言，彼邦初亦不知教育为何事，至福泽谕吉君著西洋事情，于是国内始知教育二字。初创文部省，雇外国人为顾问员，并招集至欧美游学归之生徒充办事人。以旧开成学校改大学校，而聘美国人之留日本者为师范教习。初授师范生三十人，徐而散布国中，渐次普及，合其上下三十年之经营，乃有今日云云。又详询此次来办教科书及视察学务之实况，并言彼邦教育家甚愿助我国编定教科书，渠于新岁，亦欲至中国调查学务，意甚周挚。午后小村俊三郎君来谈，言近日各学堂已开校，可以阅看，然以脚病不能行步，大闷闷。

与伊泽修二谈教育

初四日　勉送客至新桥火车栈，晤津田农学士

27,12,5

(仙)，与谈农学久许，并同至偕乐园晚餐。前日季直有信来，属探询日本造闸之式，有用两扉，一人能启闭者。质之津田君，津田君言：仙台左近之北上川闸形如此，乃荷兰工师所监造，允于内务省为觅图样云。

初五日　以足病日剧，小村君为介绍至小西医学士宅诊视。小西君言，非脚气，乃水虫病，属静养，并给油膏。初疑是脚气，此刻心乃稍安。

初六日　以脚疾仍未稍瘥，延汉医浅田君（恭悦）治之。浅田君为名医浅田宗伯之子，乃东邦汉医世家，今举国皆西医，汉医仅浅田君，可谓晨星硕果矣。浅田君言予脚非脚气，如小西君言，为处方调剂。浅田君言，此症宜浴温泉，但必须十四五日乃可，三四日无效也。箱根有七温泉，有芦汤者，与此症最宜云云。灯下读日本史，载今皇初纪，率公卿诸侯，誓于天地神祇曰：广兴会议，万机决之公论；曰上下一心，盛行经纶；曰文武一途，至庶民各遂其志，使人心不倦；曰破旧来之陋习，基天地之公道；曰求智识于世界，大振起皇基。案此五誓，字字警切，大哉王言，三十年来，遽臻隆盛，有以也。予尝与友人论人禽之界，在用外界之力与用一己之力之分而已。禽兽之力，仅恃爪牙之利，羽翼之丰，蹄足之捷耳。人则能以丝布为衣被，铸金铁为戈矛，服牛马以奔走，求知识于世界。盖取之于一身，其力有尽，借助于外界，其力无穷。世之欲成事业成学问者，皆非借助于外界之力不可，况于宰治天下者乎。兹因日本誓谕而触及之，以质之留心

日本举国皆西医

当世之故者。

详论译印教科书

初七日 与冯君回拜伊泽君。伊泽君复详论译书事，意欲合中日之力，译印教科书，而定板权之法制，并出教科书十馀种见赠。为言中国习外国语，东文较简易，日本近来要书略备，取径尤捷，西文则非数年内所能精通。并言今日不可遽忘忽道德教育，将来中学校以上，必讲《孝经》《论语》《孟子》，然后及群经，其言极有理致。

遣亲王留学欧洲

初八日 近卫公爵、长冈子爵以书来，言后日同文书院移居，行开院式，请往观礼。以足疾辞，不克往，至小西君处就诊。读日本史，载明治初年，择功臣及大藩参政，命视察欧美，又遣嘉彰亲王、博经亲王留学欧洲，此举极得教育枢要。近阅日本报，称暹罗太子，现留学于英国牛津书院。蕞尔小邦，尚知自奋，我政府其留意于斯乎。

日本强盛原因

初九日 考日本强盛之机关，首在便交通，继在兴工业，三在改军制。明治五年，始修铁道，初起于东京、横滨，已而推之神户，至京都，驯至遍及全国。又创马车铁道，电气铁道。又通海线，通电话，立邮船会社，设邮政，而道途于是无阻滞。明治六年，奥国开万国博览会，乃携品物及工商数人往，传习西国工艺。九年，美国开博览会，政府又率诸工商赴会。明年，开内国劝农博览会于东京，赏以四种赏牌。其后搜集茶、丝、茧、棉、麦、稻、糖、陶、漆等物及海产等输出要品，开共进会，内务省大臣临莅奖之，于是输出之品超出输入。废藩以后，定

27,12,10

天子亲为大元帅，改征兵之制，全国之民，不问士庶贵贱，以满二十岁为及岁，征合格者，服常备三年，后备三年之役，馀服国民军。又创宪兵，立警视部。于是军政修明，而又加之以兴教育，国力乃日臻强盛。此固我国先路之导也。

初十日　脚病稍减，至宫城左近略散步。见御河之旁，杂植松柳，柳树悉以人工修剪，枝干如拳，仿佛吾浙拳桑，不复知为柳矣。

都市招牌，多用古字古义，如卖牛皮者曰革商，卖假发者曰髢商。又多用商廛字，如某某商廛之类，甚夥。 都市招牌多用古字古义

十一日　拜外务大臣小村君，总务长珍田君，及文部大臣菊池君。午后拜近卫公爵，长冈子爵。

日本实业，多师法各国，如制茶哺鸡，则皆聘中国人为教习。铅字刷印机器，亦萨摩藩遣人就上海所购者，今则其技并精，出中国之上矣。又闻医术中之按摩法，西洋初无之，后自荷兰人得其法于日本，始传入欧洲，今西人按摩术，乃远过东邦。冰寒青胜，前事可师，我邦人其勉旃，勿耻学步也。 日本实业多师法各国

十二日　外部来知照，从十五日起，看各处学校，送排日单来。午后至上野动物园游览，物品不甚多，有西乡隆盛狗一，甚狞猛。又有福岛少将（安正）马二，乃游西比里亚时所乘者。园中新到狮子二，故游人如织。归途过上野博物馆，路侧安量体重计，投铜币一，则指针自动，予就检体量，得十六贯五十目。 西乡隆盛狗

十三日　作译书章程。午后，至神田区，购理化器具及学校用标本。灯下读日本文部省第二十七年报告，载明治三十二年，全国学校数，凡二万八千七百十七所，教员凡十万零一千零零六人，学生及生徒四百五十一万三千三百三十四人，卒业生六十四万四千七百六十七人。比之前一年，学校增二百零六所，教员增七千一百四十三人，学生生徒增二十六万五千九百九十三人，卒业生增五万八千六百二十四人。一年之内，其进步之速如此。又考全国至就学年岁儿童中，就学之数因地方而异，其最多者为岛根，居百分中之八十五以上，次之者为福冈，百人中至八十人以上，其教育之进步，洵可惊矣。

日本教育之进步可惊矣

十四日　午后往高等师范学校，见校长嘉纳治五郎君，询教育下手方案，外务省译官小林君为通译。嘉纳君为讲普通教育之大概，言极详明。嘉纳君为日本教育家之山斗，近担任中国留学生事务，于东方教育极留意，可敬也。考日本教育，分隶各省。文部省所属，曰东京大学，曰农业教育养成所，曰京都大学，曰高等师范学校，曰女子高等师范学校，曰扎幌农学校，曰高等商业学校，曰商业教员养成所，曰高等学校（凡六所），曰东京工业学校，曰工业教员养成所，曰东京外国语学校，曰东京美术学校，曰东京音乐学校，曰大坂工业学校，曰东京盲哑学校，曰小学校。宫内省所属，曰学习院，曰华族女学校。陆军省所属，曰大学校，曰炮工学校，曰士官学校，曰中央幼年学校，曰地方幼年学校，曰户山学校，曰骑兵实施

日本教育

各类学校

27,12,14

学校，曰野战炮兵射击学校，曰要塞炮兵射击学校，曰军医学校，曰兽医学校，曰经理学校，曰教导团，曰炮兵工科学校，曰军乐学校，曰陆地测量部修技所。海军省所属，曰大学校，曰兵学校，曰机关学校，曰军医学校，曰主计官练习所，曰造船工练习所。递信省所属，曰东京商船学校，曰商船学校分校（大坂一所，函馆一所），曰东京邮便电信学校。

日本图书馆，明治三十二年设立之数，官立者一所，公立者十二所，私立者二百五十所。

十五日　外务省译员堺君（与三吉）导观高等师范学校附属之小学校。该校创于明治五年，初就旧昌平校遗址造之，名师范学校，翌年设附属小学校，供师范生实习下等小学课程，已而增设上等小学课程。今校长为嘉纳治五郎君，主事为森本清藏君。导阅各教室及讲堂与体操场等处，观诸教习讲授时，极和霭周至，生徒礼貌，亦极整肃。校中分二部，皆为多级编制之高等小学及寻常小学。教室十有一：曰第一部寻常科一年生教室，曰二年生教室，曰三年生教室，曰第二部寻常一年生教室，曰二年生教室，曰三四年生教室，曰高等第一二年生教室，曰第三年生教室。又别有裁缝教室，器械标本室，应接所，职员室，会议室，体操器械置场，雨中体操场，布置井井。日本义务教育定为四年，高等小学年数则不一。此校第一部高等科为二年，第二部则为四年。学生定数，第一部寻常科一百六十名，高等科八十名。其编制以四十人为一学

参观高等师范附小

日本义务教育定为四年

级。第二部寻常高等两科各百二十人。其编制寻常一二学年均三十人为一级，第三四年合六十人为一级，高等科第一二年、第三四年，均合六十人为一级。第一部之教科目，在寻常科为修身、国语、算术、历史、地理、理科、图画、唱歌、体操九项，高等科则增入英语为十项。第二部之教科目，在寻常科为修身、国语、算术、体操、图画、唱歌、手工七项，高等科则增入日本历史、地理、理科、英语、裁缝（男儿则无此科）五项。第一部之授业费，寻常高等皆每月一元五角，第二部则寻常科不收授业费，高等科每月五角云。

女子高等师范学校

十六日　至女子高等师范学校。此校明治七年创设，初为女子师范学校。八年，皇后赠帑金五千圆，并临幸。九年，设附属幼稚园（此为日本幼稚园之嚆矢）。十一年，设附属小学科。十六年，置高等女学校。二十年，始改本校为高等师范女学校。今此校直辖文部省，校长为高岭秀夫君。先至幼稚园，此园为本校生徒练习幼儿保育之所。凡幼儿满三岁至六岁者，得就学，定额百二十名。其保育课目，为游戏（即体操之预备科）、唱歌、谈话、手技四者。其保育时数，每周二十五点钟。保育费，每月一圆。更有幼稚园分室，则无保育费，皆贫民子弟，于前项四科中增入洒扫等事。其幼儿皆秩然有序。考日全国幼稚园，官立者一所（即本校所附属），公立者百七十二所，私立者五十六所，共计二百二十九所云。旋看附属小学校，校中分第一、第二、第三部。第一、二两部为多级编

全国幼稚园二百二十九所

27,12,16

制之寻常高等小学校，第三部为单级编制之寻常小学校。第一部寻常科之课目，曰修身，曰国语，曰算术，曰体操，曰图画，曰唱歌，曰裁缝。高等科之课目，则增入日本历史及地理与理科三项。第二部寻常科与第一部同，而省图画一项。高等科则全与第一部同。第三部之课目与第一部寻常科同，而增入手工。生徒定额，第一部二百四十人，第二部三百二十人，第三部六十人。其学级编制，第一部以一学年为一学级，第二部编制第一、二学年合为一级，其他男女分各二学年为一学级，第三部为一学级。每周教授时数，寻常小学科为二十一点钟至二十八点钟，高等科为二十八点钟。三部修业年限，寻常科均四年，高等科则第一部二年，第二部四年云。继至高等女学校，该校以资研究女子高等教育，为本校生徒练习女子教育方法之处。生徒定员三百人，修业年限为五年。其学科目，为修身、国语、外国语（英）、历史、地理、数学、理科、图画、家事、裁缝、音乐、体操十二科。授业金每月二圆。更置专攻科，分第一第二两部。第一部之学科目，为修身、家事、教育、国语、外国语（英）、数学、理科、体操八科（外国语亦可不习）。于前项科目中，得随志愿，增裁缝手艺、习字音乐、割烹三科目以内。第二部则于第一部诸学科中，省数学、理科，而增历史、地理二科，其随意科同第一部。凡选修前二部中各科内六科目以上者，为选科生（但修身则为必修科）。其修业年限凡三年，其生徒定额为百人，其授业费每月二圆五角云。继至高等师

女子高等师范学校开设课程

高等师范本科

范本科，此科所以养成师范学校及高等女学校教员，兼研究女子普通教育及幼儿保育方法。学科分文、理、技艺三科。文科之学科目，为伦理、教育学、国语、汉文、外国语、历史、地理、家事、体操九项。理科之学科目，为伦理、教育学、国语、外国语、地学、数学、化学、物理、博物、家事、图画、体操十二项（于前项科目中得随意增习字音乐科）。技艺科之学科目，为伦理、教育学、国语、外国语、家事、习字、图画、体操八项。其修业年限为四年，生徒定额三百人，以卒师范学业及官立公立之高等女学校业，年十七以上，二十二以内者，为合格。又有专修科，分官费、私费二种。凡师范学校女子部及高等女学校教员缺乏时特别立之。其学科目与修业年限、募集等事，由文部大臣临时定之。官费生须由地方官荐举，私费生由己上愿书求请。又有选科，系于文科中，选国语、汉文、历史、地理，于理科中选地学、数学、物理、化学、博物，于技艺科中选家事、习字、图画，诸项中习一科目或数科目者，为选科生（但伦理教育学则为必修科）。在学期为二年以上，四年以下。又有保姆练习科，以研究养成保姆为宗旨。其学科为修身、教育学、理科、图画、音乐。其修业年限为四年。以卒高等女学校业，年十七以上三十以内者充之，其定额二十人云。

保姆练习科

宗教有害于教育

午后，长冈子爵邀饮于华族会馆。为言宗教有害于教育，西人中耶苏教士，及东人中之本愿寺僧，在中国设立学堂，均不宜优待云云。

27,12,17

十七日　因日曜日停校，故不能阅看学堂。至琳琅阁购得《梵唐千字文》（僧义净撰）。景宋本《三因方》《祖庭事院》《食医心镜》（唐昝殷撰），景元本《儒门事亲》，景宋本《本事方后集》《济生续方》《唐六典》数种，并为中国难得之书。午后，河井君（仙郎），日下部君（东作）来拜。两君为东邦雅士，研究汉学。日下部君书名久震，须眉甚伟。河井君赠穗积亲王碑拓本，甚嘉，日下部君赠精楮，共谈金石学久许而去。河井君即赴西京，闻予将往，因订于西京再见之约。

与日本汉学家谈金石学

十八日　至高等师范学校。该校校长为嘉纳君（治五郎）。此校以明治五年就旧昌平学校遗址创设，称师范学校，十九年改称高等师范学校。附属多级小学校二部，单级小学校一部（二十年所设），寻常中学校一所。先至单级小学校观览。此校用单级编制，生徒定员，寻常科七十人，高等科六十人。修业年限，两科均四年。每周授业时数，在寻常科二十二点钟至二十八点钟，高等科，男儿二十八点钟，女儿三十点钟。附属之小学校虽供师范生习练教授之用，然必既授师范三年，至第四年乃从事教授，至平时，则另有正教员云。寻常小学科之教科目，为修身、国语、算术、体操、图画、唱歌、裁缝（专属女儿）七项。高等科增入日本历史、地理、理科三项。此校合四年级生徒在一教室教之。闻德国间有合寻常高等级并教者，日本尚无之。继至中学校。该校生徒定员三百五十人，编制十学级，修业年限为五年。其教科目，为伦理、

参观高等师范学校

国语及汉文、英语、历史、地理、数学、博物、物理及化学、法制及经济、图画、唱歌、体操。授业费每月二圆云。午后三时，乃看高等师范本科。此校学科分文理二部。文科又分教育及国语、汉文、英语、地理、历史四部，理科分理科、数学、博物学三部。其修业年限各部四年。又有研究科，专修科，选科。其年限，研究科一年以下，选科二年以上，四年以下，专修科则临时定之。本校所以养成师范学校、中学校及高等女学校教员。此科因时晏，不及细观。本校内又附设教育博物馆，陈列教育用品，以供参考。其陈列分三部，第一部为家庭教育及幼稚园、小学校用具，与其成绩品。第二部为物理学、数学、星学、地学、化学、动物学、生理学及植物学之教授用具、器械、标本、挂图等。第三部为实业教育用具及成绩品。图画、音乐教员参考书杂志之类，设几案以供来观者阅看。闻每岁来观者，及中学校、实业学校、专门学校生徒携书籍来对照实物者，至六七万人，其有裨于教育界甚巨云。

参观附设教育博物馆

参观东京府立师范学校

十九日　至东京府立师范学校。此校明治八年立，校长为陇泽菊太郎君。现在之校，乃三十二年改造，三年乃竣工，建筑闳大，布置极精密。建筑之费，二十八万六千馀圆，常年经费，约五万四千圆。生徒四百馀人，分本科、预备科、讲习科三部。讲习科、预备科修学年数均二年，本科为四年。预备科所以预为本科地步，其学科目，为修身、教育、国语、汉文、历史、地理、算术、理科、

27,12,20

习字、图画、音乐、体操、英语十三项。本科不出学费，预备科则本生自出学赀，而每月以官费补助三圆，若中途退学，则追还之云。

二十日　至高等工业学校。此校明治十四年文部省所创，初为东京职工学校，以后几经更改，二十三年改东京工业学校，三十四年改今名。中分二部，一本科，一工业教员养成所。校长手岛工学博士（精一），亲导观各处。先至本科，学术分六科，曰染织，曰窑业，曰应用化学，曰机械，曰电气，曰图案。学期为三年。每科皆有实修工场。本校内又附职工徒弟学校，授金工、木工两科，生徒学期亦三年。继至工业教员养成所，此校所以养成工业学校、徒弟学校及工业补习学校之校长及教员。教科分本科及速成科二者。本科分金工、木工、染织、窑业、应用化学、工业图案六科。速成科则分金工、本工、染色、机织、陶器、漆工六科。生徒每人补助学费六圆。本科，学期凡三年，速成科则一年。本校有附属工业补习学校，乃三十二年所创设，分金工、木工二科，卒业年限二年，依学力得增减之。此校为工业教员养成所练习实际授业之处，兼以谋工业之进步。合观全校，规模闳大，全国工业导源于此，其教习皆工业家之著名者。手岛君为言，工业关系国力之增长，贵国极宜振兴此事。若政府或疆臣，愿创立学校时，本校愿选最高等之教师，送往贵国，意甚殷挚。是日，文部省饬属官中村君为导，即校中卒业生也。

参观高等工业学校

工业关系国力之增长

二十一日　回候日下部君（东作），出示所藏宋拓书谱序，刻本极精，后有“元祐二年河东薛氏模刻”十字。校之停云馆安氏诸刻，迥不相侔，洵至宝也。君之友三井氏，拟刻之木，以广其传。又出示所藏唐人写经，及神代古器、金镮、石镞等，并言其内府藏宋拓东坡宸奎阁碑一，后附高宗御碑一，参寥碑一，范石湖诗碑一，乃圣一国师至宋赍来者，亦宇内有数之名迹也。日下部君又言，日本收藏汉籍处，以足利文库为最，劝往观。且言该地去东京不远，由上野趁汽车，二三时可达。以事冗，不果往，甚以为憾。晚至嘉纳君处，谈教科书编辑事，至十一点钟乃归。

足利文库收藏汉籍最多

考日本全国，每岁国用出入之款，以明治三十四年分考之，岁入二亿七千七百四十九万七千零零三圆，岁出二亿七千五百八十八万七千四百二十三圆。核之中国国用，据刘瓛卿主政光绪会计表所载，光绪二十年岁入之数，仅八千一百零三万三千五百馀两，岁出之数，仅八千零二十七万五千七百馀两。两者其数，大相径庭，即加入洋债、赔款及各省用费，亦不及日本甚远。然则中国今日欲振兴一切，非讲求财政，从何下手乎？

中日财政之比较

日本地租，田地税百分之三三，街市宅地税百分之五，矿区每千坪岁税三角，千坪以下不征税。卖药印纸税，就药价征十分之一。造麦酒税每石七元，造他酒（清酒浊酒之类，案含酒精之多寡为税之重轻），则每石自十五圆（清酒浊酒含酒精二十度以下者）至十六圆（含酒精四十五度以下之烧酎）。

27,12,21

国家奖励航海业

日本递信省每岁出航海业奖励费，由国家助金，以诱航海业之发达。明治三十一年，所费至二百五十八万零八百零二圆，其奖诱航业，可谓至矣，商力日益开拓，有以也。

考中国度量衡，与日本对照之数，中国一尺，当日本一尺一分一毛。中国一里，当日本五町六间。中国一斗，当日本四升二合五勺二杪（此疑有误，因中国斗制各处小异，恐比较偶差也）。中国一钱，当日本一两八毛，一斤，当日本一百六十一两二分八厘。

二十二日　中村君导观私立女子职业学校。此校乃明治十九年，服部一三等合同志者所创，至今卒业生至一千一百七十六人。明治二十一年，文部大臣森有礼，以学生制品呈皇后御览，蒙赉金奖励之。其学科，分裁缝、刺绣、编物、造花、图画、割烹六科。每习一科，二年而卒业，兼习二科，则三年卒业。有成绩品陈列处，皆精妙绝伦，其剪彩为花，尤精极，与天然者骤不能别。此校制品，输出海外者日增，大为西人所重。其得价半以酬制品者，半充本校之经费，今日见进步云。

参观私立女子职业学校

日本农产大宗

考日本农产之大宗，曰米，曰麦，曰大小豆，曰稗，曰黍，曰荞麦，曰甘薯，曰马铃薯，曰棉，曰大麻，曰蓝，曰烟草，曰桑，曰茶，曰蔬。其米麦产额，以明治三十三年考之，计米四千一百四十六万五千石，麦二千零三十八万六千石（日量）。其价值，米每石约十圆馀，大麦每石四圆馀，小麦每石七圆馀（明治三十二年价）。

蚕丝业

日本蚕丝业，年盛一年，为其输出品一大宗。三十二年所产之丝，一百七十五万四千二百四十二贯。其织物之进步尤速，三十二年一年中，织物所得价值至一亿七千四百九十六万七千八百五十五圆。

日本森林，分国有民有二者，明治三十三年一年中，国有林野收入之数，为一百三十五万七千八百八十四圆。若中国官山悉种植，数十年之后，其利可胜计哉。

二十三日　回候小村君（俊三郎），谈久许。

于书肆中购得宋闻人《耆年备急灸法》，内载妇人难生，宜灸右脚小指尖三炷。如妇人扎脚，则先以盐汤洗脚令温，气脉通疏，然后灸之云云。据此，则宋代妇人，尚非人人缠足可知。

宋代妇人尚非人人缠足

考日本婚姻之制，大约男子三十而娶，女子二十而嫁，但离婚者多，故夫妇之道颇苦。核其统计报告，明治三十二年间，结婚之数，凡男女二十九万七千一百一十七偶，而是年中离婚者，男女六万六千四百一十七偶。又其国苟合生子之数亦不少，就明治三十一年考之，其公生男女各六十馀万人，而私生之数，男女各五万馀人，此皆其风俗缺陷之处。

私生子多

日本人家及客邸，多用女奴，中国人多以为诧，窃谓是中国古制也。汉王君公以通官婢去官，唐人诗“春风侍女护朝衣”，知唐以前官寺亦用女奴，不知何时此制乃废耳。

二十四日　日下部君赠所书《论书绝句》刻本一册，

27,12,24

写作俱精。

考日本监狱之制，在监人作业，每年收入六十万内外，以三分之一给作力者，其二分则充公费。其作业之种类，曰舂米，曰瓦工，曰木工，曰炼化石工，曰石工，曰碎石，曰锻冶，曰绞油，曰耕耘，曰锯木，曰造纸，曰桶工，曰稿工，曰炊事，曰扫除，曰开垦，曰采矿，曰搬运，曰纺绩，曰机织，曰裁缝，曰洗濯。此事颇与中国古者鬼薪城旦之制有合，既以惩罪，亦以兴利，此最宜效法者也。 监人作业最宜效法

二十五日　回候古城君（贞吉）于日日新闻社，不值。晚至嘉纳君处谈教育行政事，至亥初乃归。

今日闻客言，日人某君为盲哑学校教习，其生子一盲一哑，观念之感应如此，亦异闻也。

读教育史，考教育学为独立之学科，盖始于德国之心理学大家海尔巴脱及贝乃楷。德国大学本之，而专教此学，继而英格兰大学仿之，此欧洲教育学专门之权舆。

教育普及之说，始发明于瑞士教育家柏析他罗其氏，其言曰，教育者，非为某一阶级之人而设，为一切人民而施者也，专著书明此意。于是普鲁士仿之，诸教育家佥谓图自强、维国粹，非教育一切人民增长其智不可，此教育普及说之始基。今则真理日明，其说遍世界矣。 教育普及之说

盲人教育，始于德国一千七百八十三年至一千八百零八年，遂遍及全国。哑人教育，始于谐尾开，至一千八百十八年以后乃大盛。废人教育（谓身体不全及有痴疾 特殊教育

者），始于瑞士人顾孔必由，于一千八百四十一年顷，始专立学校。翌年，柏林哑人学校长冉爱格特仿行之，以后遂日普及矣。贫人及罪人学校，为反连拜耳玺所创，时在一千八百零四年之顷，设学校于威耳阿甫，收养贫儿及罪人，课以耕作及手工，兼教宗教、读书、习字、算术等，此为贫儿罪人教育之嚆失。幼稚园之滥觞，实启于保儿院。保儿院者，一千七百八十年顷，奥柏灵氏创之，代保农工佣力者之婴孩，已而英法仿之，一千八百二十八年之顷，德又仿之。一千八百四十一年，有腓力哀白者，本此义以立幼稚园，其宗旨在健小儿之身体，练其官能，厉其精神，导其性情，以立他日生计之始基，以补家庭教育之不足。后惑于他说禁之，至一千八百六十年，乃弛禁，嗣政府于国民学校亦附设之，于是日渐推广，英法诸国争效法，世界各国靡弗设之矣。

保儿院

二十六日　至书肆购书，得林希逸《列子鬳斋口义》（此书中土甚少）等数种，森氏立之藏书也。

考日本海军

考日本海军，立镇守府五所，横须贺第一，吴第二，佐世保第三，舞鹤第四，室阑第五。军舰之数，计百有三。（甲午以前，东洋兵舰仅三十艘，排水吨数五千七百七十吨。今舰数遽增数倍，排水吨数，今亦增至二万六千二百八十五吨矣。）海军现役军人二万八千三百零八人，预备军人二千九百九十五人，后备军人一千六百七十八人。其职有事时防海攻敌，护送陆军，无事时保护海外商民及国内渔猎人等，并测量海湾，警卫沿海，凡海崖及岛

27,12,26

地悉管理之。陆军则分近卫兵、戍兵三种。近卫兵拱卫皇室，戍兵保卫全国。近卫师团，分驻东京，戍兵立十二师团，分驻内国要地。全国男子悉服兵役，分常备、后备、补充、国民四种，更分常备为现役、预备二种。现役三年，预备役四年零四月，后备役五年。陆军兵人分五类，曰步兵，曰炮兵，曰骑兵，曰工兵，曰辎重兵。 陆军分五类

日本赤十字社，规模甚宏大，近年社员已至五十七万，此其国家文明之一大征证也。案之中国古代似已有此制，《司马法》曰，敌者伤之，医药归之。又宋襄公言，君子不重伤，不擒二毛，不鼓不成列（此必《司马法》中语，襄公引之耳，古人引书多不明著出典。襄公非仁者，观其平生，至以人为牺牲，安能为尔许语乎）。此均古代亦有救护军人一视同仁之据，彼执俘献馘之制，殆出之三代末季也，著之以质之历史家。 日本红十字会

二十七日 至文部省，拜普通学部局长泽柳君，谈教育事。泽柳君言，中国小学教育，以读书为最难，缘汉文太多，小儿识字颇苦，必创为切音字，以谋教育之普及乃便。但切音字用之初等教育较易行，若高等则仍用汉字可也。予叩以近日东人多但废汉字之说，能实行乎？泽柳君言，国人因识汉字颇苦，故为此说，然颇不易。从前文部省订初等教育须用汉字三千，后省至二千，今省至一千二百，然若全废，实未易易。因废去汉字，而以假名代之，则一切法令著作，皆须全行改用假名乃可，殊未易易，且汉字已经用千馀年，决难一旦废去也云云。泽柳君又赠文 废除汉字能实行乎

部省年报及明治五年所订学制各一册。

日本之著名银行

考日本银行之最大者，曰日本银行，资本三千万圆。次之者，正金银行，资本一千二百万圆。又全国中农工银行凡四十五所，资本共一千五百九十八万圆，普通银行一千五百二十六所，资本共二亿零七百五十六万五千圆，贮蓄银行五百三十一所，资本共一千九百九十七万九千圆（明治三十二年数）。案银行为国家财政及实业发达之根本，中国欲整财政兴实业，非从银行下手不可。但欲使富户各出资财，流通市面，又非国家先出内帑金，以为民倡，并妥订银行规则不可。此事关系甚大，政府亟宜起而图之，不能再缓矣。

参观农科大学

二十八日　与堺君看农科大学。学分四部，曰农学科，曰农艺化学科，曰兽医科，曰林学科。先至兽医科标本室，罗列种种标本，中有毛球，乃得之牛胃中者，又有圆石，云得自马肠中者，此疑中国所谓马宝矣。继至林学科标本林，列植各国树木，松之种类最多，美国之松毛最长，至一尺许。已而至农艺化学科，有德国教师出示玻璃瓶水中试植之麦数种，各瓶水中养分不一，故麦之肥瘠有差。已至农学实习场，观诸生实习。阅毕，至校长室午餐。校中规模闳大，本科之外，有教员养成所，以养成农业补习学校教员。修业为一年，以诸生之卒师范学校、中学校业者充之，不征收授业费，每月且补助金六圆，凡师范各科皆然也。晚饮日本教育家嘉纳（治五郎）、长冈（护美）、伊泽（修二）诸君于帝国旅馆。

27,12,28

日本从事农作者之工价，日渐加增，就现在之数考之，耕作佣男子，每日工价二角七分五厘，养蚕男工价，每日二角九分五厘（女工价较减），缫丝女工，每日工价一角九分七厘，制茶男工，每日三角九分六厘，渔夫，每日工价三角三分七厘，工厂人夫之工值，则倍于农，或再倍之。今中国佣力之值甚贱，若处处兴农工业，其利更溥于日本矣。

日本劳动力之工价

二十九日　同小村君（俊三郎）拜杉浦君（重纲）于日本中学校。杉浦君为日本民间教育大家。以前日本民间教育家为福泽、杉浦二派，福泽主实用，杉浦主道德。杉浦君气象温厚，望而知为有德之士，现为日本中学校校长。本校初为东京英语学校，明治二十五年改称今名。修业年限五年，本文部省令寻常中学校学科程度。入校金一圆，授业费每月一圆二角至一圆五角。其布置井井，为私立学校中最整善者。坐有汤原君，任某县视学官，出所著教育书见赠。杉浦君并为置馔，殷勤可感，以有他事谢之，坐谈甚匆匆。闻杉浦君行将至上海，为同文书院校长，异日当与畅谈教育各务，以弥今日之憾。晚与嘉纳君谈教育事，至十一点钟。

拜访日本民间教育家

壬寅元旦。诣公使及同人处贺岁。午后看伊泽君，谈久许。

壬寅元旦

初二日　伊泽君介东京刷印株式会社社员斋藤、木户两氏来拜，导观刷印工厂。先至深川支厂，规模甚阔大，计铅印部、石印部、造字模部、造铅字部、铜板制图部、写真制图部，周览一过。工作四五百人。此社尚有本厂在京市。当社员导予等至写真室，特留予一影相，以为异日纪念。又赠写真画数帧，并约至日本桥偕乐园晚饮，意甚殷拳。案印刷一事，与国家之文明有大关系，观日本印刷之精妙，即日本文明进步之明征矣。斋藤君为言，初日本人得活版术于上海之美国商人，既归长崎，于学堂教业之暇，兼课排字刷印之事，此事在明治初纪，今则技术日精，几不让欧美矣。予考中国活字，原用木刻。毛子晋刻《津逮秘书》实是用活字，儿时读《毛诗陆疏广要》，见其中有横植之字，始悟毛氏刻书原是活版，特排印精工，与刻板骤不能别耳。又近日欧美工业家以石膏为一切雕刻等物模型，中国亦自古已然。予尝得汉高祖榆荚半两钱范，似石非石，细考之知确为石膏，而中国古泉学家，有藏齐货石范者，知亦是石膏所为。是三代时已然，即此可见中国文明开化之早矣。以语二君，二君亦谓然。饮毕已八点钟，冒风雪而归。

印刷与国家之文明有大关系

是日蔡公使饮中国留学生于富士见饭馆，籍之得二百七十馀人。考日本统计表，我邦在东人数凡二千四百馀人（前年之数），是学生居十分之一有奇矣。

留学生二百七十馀人

初三日　检点行装，至公使馆辞行。午后，中东诸友相送至新桥火车栈。六点十分钟，趁急行车赴西京，并预发电至西京友人河井君（仙郎）。前者与河井君别时，相期于京都车栈相迓，为照料一切也。

初四日　午前九点十分钟抵京都，河井君已在火车栈

28,1,4

相迓。至柊家客寓，小村君（俊三郎）奉外部之命，同行为介，看京都、奈良等处学堂。早膳后，拜视学官田中君。田中君谓本日为国祭日，不能看学校。因由河井君导看疏水。疏水者，导琵琶湖水洞三山，逾高地而溉田，凡长十馀里。其高地两水断绝处，用电力引铁索，曳舟遵陆而上，由此水达彼水，如中国之过坝，然往来不绝。闻初倡此议者，为西京府知事某君，当时嘲谤交腾，及渠成而利大兴，今农民拟铸金为某君像，以为纪念。凡民可与乐成，难与图始，中外古今一辙矣。归途过神社，见神官行祝祭礼，衣冠奇异。东人好神佛，通国人家门首多有木札，上书临济宗、曹洞宗、真宗等字样，而男子之老者，多取名某某居士，女子之老者，多取名某某尼，古俗之难废如此。晚间，藤田君（源之助）来，吾友剑峰学士之兄，现为第三高等小学校教习。前次火车过西京时，即在西京相迓，兹再来见，与畅谈一切，并以风景写真为赠，情殊可感。

日人好神佛

西京博物院有西魏陶仵虎写《菩萨处胎经》，为世界奇迹，因是日为其国祭日，不得往观为怅。

初五日　九点钟，田中君遣郡视学盐崎君来，导观各学校，先至高等女学校。校中置四科，曰本科，曰补习，曰专攻，曰裁缝。本科修业年限为五年，补习科一年，专攻科二年，裁缝科三年。本科学科目，为修身、国语、英语、历史、地理、数学、理科、图画、家事、裁缝、音乐、体操十二项。补习科则省历史、地理、理科，而增手

参观高等女学校

艺、教育。专攻科限国语、汉文及家事、裁缝二项。其国语、汉文之学科，为修身、教育、历史、国语、汉文、体操六项，又习字、图画、音乐三者，为随意科。其家事裁缝科之学科，为修身、裁缝、国语、数学、家事、音乐、体操七项，又图画一项为随意科。其授业费，本科及补习科管内生每年十五圆，管外生十八圆（本科生有愿习手工者，则授业费每月增银三角），专攻科每年二十圆，裁缝科管内生每年十二圆，管外生十五圆。此学校甚整齐，更优于东京。阅毕，至第一高等小学校。该校生徒千人，计教室二十又五，有书籍室，有标本室，有理科室，有植物园，有习礼室，规模甚完备。午后，至染织学校。此校专教染色及机织，从事于实验，分本科、预科。预科所以为本科之预备，本科三年卒业，预科二年卒业。本科之学科目十有五，曰修身，曰读书作文，曰数学，曰物理，曰化学，曰分析，曰图画，曰机械制图，曰染色配色法，曰机织法，曰花样，曰英语，曰薄记及理财，曰实习，曰体操。预备之学科目十有一，曰修身，曰读书，曰算术，曰作文，曰习字，曰地理，曰历史，曰图画，曰理科，曰英语，曰体操。更有别科，以教已从事染色机业一年以上之子弟，其卒业期为一年。其学科目凡七项，曰读书，曰算术，曰理科，曰染色法，曰机织法，曰花样，曰实习。预科之学生，限年十二岁以上，本科则十四岁以上，别科则为十五岁以上。各科皆不收授业费，仅收食宿费，每月六圆至七圆，书籍及杂用一圆，衣服等二圆。阅毕，至制品

参观染织学校

28,1,5

陈列所，购得布三端，丝巾一枚。凡工业诸学校制品，观者例得购买也。又至美术工艺学校，此校创于明治十三年，初为画学校。二十四年，改称美术学校，于绘画科外增工艺图业科。二十七年，增雕刻及磁器绘画科，而改称美术工艺学校。翌年，增漆工科（分莳绘、髹漆二部）。今计学科四，曰绘画，曰图案，曰雕刻，曰描金。每科修业年限为四年，本科生卒业后，得更留学三年，专攻实技，为专攻科。校中计校长一人，正教员九人，助教五人，书记二人，助手五人，技师一人，技手二人。午后三时归寓，藤田君约至祇园中村楼小饮。地颇精雅，坐客为第三高等小学校长的场君及刘生大猷与予三人而已。

参观美术工艺学校

初六日　至第三高等小学校。校长的场君导观各教室，纵览一周。该校略同第一高等学校，生徒凡八百人。看毕，的场君送予等至车站，郑重而别。河井、藤田两君送予同至奈良，意殷拳可感。到奈良，住对山楼旅馆。本日县知事他出，且时已稍迟，不得观学校。因与小村、河井、籐田诸君入市游览，风景幽绝，不数吾乡西子湖矣。先至博物馆，其中古佛象最多，有唐招提寺榜，字劲挺似二王书，乃其国孝谦天皇笔也。又有筚篥，为长六七寸之管，上髹以漆，上有七孔，状略如箫，狭上而修下，此物中国久无有，乃于此见之。其他古物甚多，又有古写经数本，并精绝。既出院，至春日神社，沿途驯鹿极夥，买饼饵饲之，则相随不去。相传此鹿自唐代孳生，至今多至七八百头，人不之害，故亦不畏人。道傍石灯台，多至千

参观奈良博物馆

馀。至神社前，东人皆脱帽为敬。出社过小市，购唐招提寺残瓦一枚，千年物也，文字颇清劲。

参观奈良各学校

初七日　县视学清水君（笃太郎）来，导观各学校。先至师范学校，该校本科生徒一百六十人，其规制略与东京府立师范学校同。别有简易科，生徒八十人，学期为三年。校中校长一人，教员九人，助教三人。又有小学校教员讲习科，分甲乙二种。甲种习小学校教科全部，其讲习期为六月以上，一年以下。乙种习小学校教科之一科或数科，其讲习期为二阅月以内。甲种讲习员毕业后，于管内修师范职五年。乙种则于町村内修职五年。其讲习之学科程度及人员资格等，于一月前宣示。案师范讲习科，为速成师范起见，此与中国今日颇宜，当师其意先创立之，以济目前之急。特该科无详细学科条目，为可惜耳。既至高等女学校，校中分为本科、技艺专修科及补习科三者。其修业年限，本科四年，技艺专修科三年，补习科一年。本科之教科目，曰修身、国语、历史、地理、数学、理科、家事、裁缝、习字、图画、音乐、体操十二项，更加外国语、教育、汉文三项为随意科（但有愿充小学教员者则教育汉文为必修科）。技艺专修科，则为修身、国语、裁缝、算术、家事、习字、图画、音乐、体操九科。补习科则选习前列学科中修身、国语、裁缝等之一科或数科。本校生徒四百人。授业费在管内者每月七角五分，在管外者每月一圆。已至济美寻常小学校，校长森泽孝行君导观各处。此校乃私立，规模略小，而管理尤整齐，不异官立

高等女校分为三科

28,1,8

者，令人赞叹不置。阅毕返寓午饭，饭毕趁火车至大坂，寓北川旅馆。

初八日　晨由大坂发神户，河井、小村两君送予登博爱丸而别。是日风静，波平如砥，身体大适。

初九日　读《女子教育论》竟。此书载美国女子教育为世界第一，师范生大半为女子，又言女子者，国民之母，其语尤精切。今日中国教育初造基，女子教育，人多忽视，然实不可缓，是宜亟图也。是日风雨大作，舟极颠簸，夜抵长崎。

女子教育实不可缓

初十日　晨兴登岸，持吉田农学士（永二郎）介绍书，至长崎农事试验场。场长适他出，由事务员导观各处。时正试植大小麦，分畦列表，部署井井。并观柑橘园及暖房分析室等处，赠试验成绩报告，及养蚕讲话、昆虫讲话笔记数种。返舟风大，体甚不适，卧半日。

十一日　舟中遇日本陆军大尉小岛君（米三郎），此君就鄂督之聘至湖北省。与之接谈，叩以陆军留学生学业。小岛君言，贵国诸生因未修普通学，而留学只三年，骤归可惜，若期满再留学一二年，当可用。其言甚确，归国后当为南皮、新宁两宫保言之。

谈陆军留学生学业

十二日　午刻抵上海。藤田学生（丰八）及田宫教习，已在船埠相待，儿子福成、福苌亦来接。饬仆辈检点行李，一点钟乃抵沪寓。

跋

绍文得与罗君叔言交将十年矣，顾以客授四方，不得数数遇。去年冬，君奉江楚两帅命，至日本调查教育事宜。昨来白下，亟就君话离悰，且叩教育事。君为口讲指画，条理秩然，并出所作日记见示。而草稿旁午，猝不可读，爰竭三五日之力为之缮写。记中于东邦教育，钩元提要，如指诸掌。且于财政、治体、风俗稽考尤详。披览一过，不啻置身十洲三岛间也。君少时锐志撰述，著书等身，壮而留心当世之故，每慷慨身世，辄剧谈抗论，流俗多逊避之。频年乃专意农学与教育二者，以为教养两事，实为政治根本。瘏口焦唇，日聒之于当世，以冀一挽今日之厄运。言论满天下，此记其一斑也。绍文闻之日本教育家有福泽谕吉者，于尊攘时代，以布衣倡教育，卒以开东邦今日之郅隆。今君于沧海横流之日，慨然以斯道自任。异日就其所素蓄而展布之，将与福泽君东西并峙，为亚洲

频年专意农学与教育

生色，此非君一人之幸，实我中国之大幸也。缮写既完，识语卷末，以告世之读是记者。

光绪壬寅二月山阳张绍文

罗振玉扶桑两月记

人名索引

十一画

十二画

十三画

十四画

罗振玉扶桑再游记□

宣统元年（1909）

五月初十日　　天津启程赴日

五月十六日　　抵神户，赴西京

五月十九日　　抵东京，谒公使

六月廿一日　　离东京，抵西京

六月廿六日　　返抵吴淞

□ 据罗振玉之孙罗继祖缮录稿

□ 周功君校点

1,5,6

罗振玉扶桑再游记

宣统纪元端午后一日　由京趁八点三十分钟火车赴津，十二点抵津，寓长发二十五号。未刻拜药雨，见渠案头有铅钱三，一次布，一半两，一得壹甚精。下午拜傅沅叔。晚餐后返寓，作家书。金诵清来。

由北京至天津

初七日　早访药雨，托买船票，由津抵神户，头等八十元五角二分，二等四十三元八角二分。至德胜楼同纬君吃面。食后访诗伯叔，同至督署访庆丞不值，晤王燕来、胡楚卿、邱季良。下午返寓，沅叔来答拜。晚与纬君至旭街延古斋（日本兵署隔壁）看古玩。金君携《金石萃编补略》，仁和王言撰，道光三十年著，光绪八年刻本，书二卷，其书首载《苍书墓记》乃伪托，以石暎为仁寿四年皆误。王君官严州寿昌训导，所著有《寿秋推日编》《纲鉴推日编》及《补略》。

天津至神户船票价格

初八日　上午会客。午间沅叔邀饮。看书肆。药雨送家书来。晚赴诗伯叔及庆丞之招，饮于聚丰园。餐后访药雨，归途至延古斋。归寓已一点钟矣。

初九日　午前在寓检点行李。纬君出拜客，并至诗叔处借五十元，行赀已罄也。午后一时卅五分钟趁汽车往塘沽，比至已三点三十分矣，寓谷村旅馆。作致药雨、沅叔书及家书。晚间邀纬君饮，然仅有牛肉面包而已。

离津赴日

初十日　八点钟上小轮，昨日风仍未息。十二点到大沽，上营口丸即开行。晚间大雨。

十一日　早间六点钟抵芝罘。作致静安信。晚间六时抵大连。

十二日　早间六时舟抵码头，与纬君入市闲览，憩一小茶肆，问以地方土产，但有海鲜，问以日人在本埠情形如何？对以颇安静，然受侮处亦不少。并云其肆月捐三元，税之重可知。问以地方裁判，对以小事在本埠判之，大事则由旅顺日官判决云云。午刻归舟午饭。午后四时开行。晚间见月。

十三日　是日舟向南行，午后略有颠簸。夜间二时半雾，汽笛鸣不已，侵晨乃散。

十四日　风颇正舟平，见小山无数，仿佛温州与福州洋面，然皆高丽山也。连日气候颇凉，仍御重袷。舟中遇

英人极颂摄政王之善政

英人某，乃其公使馆员至日本游历者，能中语，极颂摄政王之善政，言戒吸鸦片除数百年之大害，外人皆服其除弊之勇。并言摄政王曾招各国公使饮，酬酢如友朋，无尊大之习，外人亦甚钦佩云。晚间风大作，舟极颠簸。

1,5,15

十五日　早间风渐息。十时入门司港，卸货，约四时许开行。舟中读昨日《东京日日新闻》，知北洋大臣杨已逝，继任者为匋斋尚书，南洋继任者则张安圃制军云。作家书及致季缨、伯斧、静安书，以便明日至神户投邮，恐抵东事冗也。下午浴至爽。晚作致伏侯书。 舟中读东京日日新闻

十六日　晨起作致叔海书。午后二时抵神户，周君作民遣田中旅馆人至船相迓，因同作民、纬君趁四点卅六分火车赴西京，六点半抵埠，寓麸屋町泽文旅馆。晚至书肆看书。 抵神户

十七日　九时半与作民访内藤湖南于冈崎町，坐中有富冈谦藏（号桃华庵）、桑原骘藏、狩野直喜三君。午间，诸君约至瓢亭午餐。午后诣富冈君（室町通中立卖口），诸君同在坐。途次遇剑公自德岛至，同至书肆略览。返寓，内藤、富冈两君来谈。晚与剑公畅谈，至一时乃就寝。在内藤君处见《左传集解》二卷，唐写本，明末高丽质子在北京时日记，本朝三朝实录，并希世物也。在富冈君处见唐写本《毛诗正义》残卷，约二尺许。富冈君言与今本异同甚多，又有《二李唱和集》，校陈氏刻本前后多十叶，因借抄，又《周易单疏》古钞本及北宋本《史记》一册。 访内藤湖南

十八日　午前拜文科大学长松本博士（文三郎）、大学总长菊池文相（大麓）、图书馆长岛学士（文次郎），至图书馆阅览，出示精本书数十种，最佳者为卷子本《白氏文集》残帙，宋本《春秋左氏传》。诸君留午餐。 参观东京府立图书馆

午后看东京府立图书馆，馆长汤浅君（吉郎）曾至美国调查图书馆，故建筑极合法。出示元本《韵府群玉》等书。复至园艺会观盆栽，有至佳者，可谓绝艺。下午返寓。至中岛孝次郎之泉货堂（三条通麸屋町西入）购古泉十馀。桑原学士来拜，送至车站，八时廿九分开车。

抵东京

十九日　九时抵东京，映卿已在车站相迓。即至公使馆拜田伏翁并谒公使，伏翁出示部中致予电。伏侯为予赁金地院僧寺小室甚精洁（芝公园二十一号八番）与渠比邻，甚便适。午后，松山堂、琳瑯阁购书数种归。晚与伏侯剪烛夜谈，至快！

廿日　晨起病目。作致作民、剑峰书及家书，又作致本部丞参书。尔后，诣神田看古泉，无所得，复至文行堂得旧书数种。薄暮，映卿送家书至，知一儿又患病，虽已就痊，然远人不无悬念。就寝后，蚊与蚤大肆虐，连日不得甘寝，体中为之不适。

廿一日　作致刘总监督书。使馆参赞张杏生（元节），书记官冯锡之（冕），二等书记官林铁铮（鹍翔），通译官吕星如（烈煌）来拜。午后拜胡仲巽及李公使，谈颇久，归已六时矣。接何益三书，当作复。

日本有说文研究会

廿二日　午前田中君来谈（住本乡区汤岛四丁目八番地），田中君言：彼国近有说文研究会，会员轮讲许书，参以古今文；又言：照古字画以青色乾板照之则明朗；又言：东京写真家以京桥区吉町小川真一为最佳。接家书及凤洲书。午后至神田书肆及鹫田古泉舍及新桥博品

1,5,23

馆一览，冒雨归，已六时矣。晚伏侯招饮。

廿三日　早间作家书。十二时由上野赴青森，车中甚安适。

廿四日　十一时到青森。十二时趁比罗夫丸渡轻津海峡，舟行平稳，青山如画，旅怀为之畅适。中流风作，舟颇颠簸，午后四时抵函馆，寓斋藤屋旅馆。与纬君阅市，于村田氏书肆（舟见町百〇八番万隆舍）购日本古泉数枚。该肆主人名留太郎，乃彼邦古泉家也，为介绍横滨市松影町一丁目廿四番地村松养明，东京神田区猿乐町二番地和田商店，神田区锦町三丁目横井仲定，谓皆有古钱。是日寄伯斧、静安书。

廿五日　六时上车。午后七时至札幌，俊人在车站相迓，导至山形屋，夜寝甚适。俊人言：此处留学生多自 留学生之丑闻
爱，惟山东周姓者兄弟二人，长姘一东妇，幼者生霉素。是日函馆而北所见农田多荒芜未开辟，而自余市以东数十里则农田极整，所造新林尤苍翠可爱，斯时苹果方实，以纸带盛之，累累满树，以防虫蚀鸟啄。

廿六日　早间八时同纬君、俊人赴农科大学拜佐藤校 赴农科大学参观
长（昌介），坐中遇南教授（鹰次郎），乃佐藤君属其导予等参观者也。问佐藤君以该校设备费，佐藤君言：初定三十万元，今用至六十万元矣。问以经常费，对以岁二十万元，由文部省支出者半，由农场收入者半，至临时费则不能定准，今年约二万元，并出该校及农场与演习林植物园一览见赠。南君因导观农学教室，计普通教室一，化学

实验室二，林学教室一，其建筑颇便易，每一种教室其旁即附以器械室、教员室、藏书室，此可法也。楼下设植物标本室，皆出理学博士宫部（金吾）手集，多至五万种。出该室后即至植物学教室、动物学教室，其制略如普通教室，此二室特别筑之，盖农学中二学颇占重要也。参观时，宫部博士及林学教授小出博士（房吉）并出为说明，殷殷可感。该校演习林凡三所，地位悬绝，宫部博士为说明其理颇精。午间返寓。午后看植物园、博物馆。薄暮入市观小书铺，得伊犁纪行归。晚餐后又入市编发。是日发电问田伏翁原口博士任建筑技师事，晚间得复已电都中矣。农科大学实习生贵州万勖忠来谈。

养蚕昆虫教室

廿七日 至农科大学遍观养蚕昆虫教室，寄宿舍、第一第二农场、制乳室、农具室、水产教室及标本室，大雨，衣履尽湿。薄暮，八田博士（三郎）来拜，狩野博士友也，为彼邦动物学大家。又山东留学生牛献周来，字正甫，在农科大学专攻蚕病。牛君携有山东沂州府沂水县古化石（出县城北约百九十里马家河西燕子崖），地质学家考为三叶虫化石，甚罕见，牛君允赠一枚。晚餐后入市闲览。就寝后不得睡，夜间四点钟始略睡。

廿八日 原约看北海道牧场，以第三部事务长不在，比有电话至已不及矣，遂谢不往。许士泰君来，言：津浦铁路分局长杨太守（庆鋆）属渠购枕木十五万枚，每枚运至天津，费一元五角。又言：日本农租日增，彼于明治四十年纳所有税一千〇四十馀元，至去年则增至一千七百

1,5,28

食盐归政府专卖

馀元矣。又言：近来食盐归政府专卖，盐价几与糖等。又言：日本开拓北海道廿年乃纳税，每亩开荒费约三四元。又言：山东昌平于树桢者，前在札幌大学农艺科留学生也，其戚高密刘鸿纲于东京设振华书局，托于借其款五百元，现书局已闭歇而款终不归，托向公使馆言之。许君有二子三女，谈及宗国尚有拳拳之意。午间至农科大学辞行，谢其招待并回看八田博士，博士劝同往真驹种畜场，乃回寓午餐。午后与八田君同乘马车往，马奔而瘏，圉人仍鞭之不已，虐畜之风不仅我国为然也。行一时乃抵种畜场。该场技师仁木信雄出该场要录见示，知经始于明治九年，今规模日扩，所有种畜为牛马羊鸡，牵马数匹出示，乘用者至神骏，荷用者亦极壮健。仁木君言：乘用之马，每日必令圉人乘行一点钟，任用者每日必令荷重物，盖不使习练则本能日失，必成弱种。牛种亦佳，其尤者，母牛产犊已七阅月，日犹出乳一斗二升，此等良种在欧洲亦少，故已登之杂志，此牛世界皆知名矣。其馀则日出一斗或七八升，民间之种则日出数升耳。并出乳汁相饷，即场中所出也。日暮归寓。牛君以三叶虫化石二来赠。晚餐后，至俊人寓所为东人作书。

闻名世界之母牛

廿九日　趁汽车返函馆，许君、牛君及俊人皆至车站相送，风日炎燥，午间尤热，晚一时乃抵函馆，寓北辰馆。伏侯有电至札幌，时我等已行，电局乃追寄至函馆，想是部电，但为中国号码，行箧无电报新编不能翻出也。夜中多蚤，竟夜不眠。

六月一日　四时即兴，十一时趁比罗夫丸渡海。三时至青森，六时趁汽车行，车中颇热，夜眠不安。途次遇三井洋行理事山本氏言日本盐业归政府专卖以后，于今五年，岁得税八千馀万元。

报纸诋我为嗜古多藏

初二日　车中热甚。午后三时许抵上野，返寓。田伏翁言都中近事，云部电仍嘱向文部省觅技师。又云经科许举贡生充学生事已出奏。又云国报有诋我语，闻所诋为嗜古多藏，可发一笑！晚餐后，叶映卿来，交到子敬（二通）、静安、阿苌、季缨信，又得作民两书。

初三日　作致子敬、阿苌、作民、振炎弟信。十一时，黄君惕卿来，同至牛込区市（个）谷加贺町二丁目十八番地松井校长处。午刻回寓午餐。黄君润书（艺锡，寓中涩谷六八九江夏方）、袁君希（濂）、蒋君（道南，均寓牛込区矢来町廿六番地松隐庐）来谈。接部电，言技师事照前函办理，并允汇旅费。午后游公园。晚餐后，与伏侯、纬君至琳瑯阁购杨升庵集，并至上野博品馆，归已十一时矣。

初四日　八时半与纬君同诣驹场大学晤书记官武部君（直松），赠帝国大学一览一册，叩以该校每年经费，言：计十五万元，临时费则每年文部省发出六科大学公共费三十万元，各校多寡不等，不能画一。由武部君导观农学林学二教室及林产物试验所、养蚕室，农具场等处。方参观养蚕室时见方为种种试验，并以涂丝色颜料之叶饲蚕，盖新发明之法也。桑叶涂以何色即吐何色之丝，叩以其颜料

1,6,4

用何种，对以即显微镜试验所用者，此以前所未闻也。诸堂参观后又观温室及作物见本园。前在农化教室见德人某方充教习，今询之则已归矣。询以月俸，武部君对以每月五百五十元。午间至青山午餐乃返寓。午后访横井仲定于神田区三河町一丁目四番伊藤指物店，购宽永钱百馀枚。归途观芝区商品馆，购数物以归。今日凉风如秋，连日溽暑为涤。吴下学生汪果来（寓中涩谷七百十番大学右侧）。

德国教习月俸

初五日　晨至驹场参观农艺化学及兽医两讲堂并图书阅览室，该校以历年学术研究报告见赠，前日向松井博士面请也。兽医教室庭中有法国名誉教师养松铜像，盖在日本教授二十年，勋三等，今食退位俸，可见日人之待外国教员之有恩礼也。午后一时返寓午餐，王铭远（迈常）、丁仲祜（福保）、杨叶侯（寿桐）、薛剑峰（光锷）、沙颂宣（兽诒）来，皆曩日东文学堂学生也。发致刘总监督书。伏侯交到学部汇款四百元。得藤田学士及陶俊人信，俊人言：试验场每三千坪须雇农夫二人，但常雇日雇不能预定，大约常雇日雇相半。今日在农化教室晤教授泽村君（真），乃前次在东京时所识也。

为法国名誉教师塑像

初六日　晨与黄涤青赴文部省拜冈田次官，未得晤。至农科大学晤松井君，托其介绍农艺化学教习。午间在西洋料理馆饭。午后河井君（仙郎，寓麹町富士见町一之廿七）、樋口君（勇夫，东京朝日新闻记者，寓京桥区泷山町朝日新闻社）约初八日与彼邦吉金文会员见于上野公园莺亭。晚间胡公使招饮。

与平子尚交谈学问

初七日　晨起作致乔茂老、伯斧、剑峰书。午间至文部省晤冈田次官。午后访田中君，坐中见平子君（尚），出其所著补斠上宫德皇帝说证汪属署题。平子君质予且渠安周造象为何年？予答当为太平真君七年。又云：独人佛兰基有《安周碑考证》一卷，系柏林亚细亚语学校出版，卷内附写真制碑文甚明晰，其释文则多误，《兜率经》误作真率经。予叩以日本所藏《玉篇》卷子本凡几卷，平子君言：一、西京福井氏藏数十行，二、奈良桥井氏藏卷十六之前半，三、丹波某寺藏鱼部十数行，四、田中光显伯藏一卷，通国所传，如是而已。又言：彼邦所藏古本有《淮南鸿烈解》（《兵略·间诂》一篇）、唐写本《两京新记》古抄零本（金泽文库）、《汉书·杨雄传》一卷（唐写本）、陆氏《经典释文》唐写本（《礼记》数十纸）、《文馆词林》约二十卷。又言其国所藏《因果经》残卷，计醍醐报恩院一卷，上品莲台寺一卷，美术学校一卷，又卷散在各家以久迩宫所藏为最长。又言西京知恩院藏古写经最夥，乃明治初年增上寺僧彻定所购，彻定好藏古写经，颜所居曰古经堂，著《古经题跋》一卷，考古者以为标准云云，并出日本金文拓本一纸为赠。

书店购书

初八日　晨赴浅草广小路町北东仲町浅仓书店购书数种。午餐后田中君来约至上野莺亭晚饮，彼国吉金文字会员所邀也，因与田中、纬君、伏侯同至上野表庆馆，藏物仅漆器、书画、佛象三类，佛象中有至精者，漆器中多中

1,6,8

国漆器。有东大寺招提寺经笥二，花纹古拙，洵千馀年物也。书画中有宋僧某书及元中峰大师书真迹，甚佳。又至博物馆观藏书部，有宋本《广韵》，乃泽存堂所据之原本也。复至图书馆一观，因馆长不在，未得纵览。出馆后至莺亭，则会员已先在，日下部君年已七十有二，强健如昔；高田君忠周出所著《说文段注疏证》稿本见示，甫成三篇已二百册，其著书之勇，我国无其比，可愧也。酒半，后藤学士举酒演说，予嘱田中君传译以答，宾主尽欢，比席散归已十一时又半矣。作家书及致作民书。

其著书之勇，我国无其比

初九日　晨起，服部博士，余君达夫、许叔玑、沙诵先、马幼愉（裕藻）来谈。午后同田伏翁访日下部君，笔谈一时许，东作翁出宋仲温书册见示，至佳。晚赴李钦使之召，赴其旅舍晚饮，席中谈日本政治具有首尾，归已十一时矣。

初十日　河井君来，约午后至三井听泉家看《文馆词林》并同至表神保町村口书店看书。村口书店有高丽本《东国通鉴》至佳，索百五十元，力不能得，为之太息。午间赴叔玑、仲祜诸君之约，至牛込区早稻田鹤卷町太和馆午饮。午后返寓，同伏侯、纬君赴三井（源右卫门）家看《文馆词林》第一百五十八卷目（诗），五百〇七卷、六百六十二、六百六十四、六百六十八各卷（诏），末题弘仁十四年为冷然院书，精绝。又观所藏古写经，有唐永徽六年中大夫内侍护军佛弟子观自在写经及古写经木签。又一卷为阿毗达磨大毗婆沙论卷第一百四十

村口书店

四，纸背有《大唐苏内侍写真定本》九字朱记正书。主人出一签及写经一卷以赠。并出德人《大且渠安周碑考释》见示，末□平○年字甚清晰。七时半赴吴子期参赞之召晚饮。归寓补记近三日日记。

与国民新闻记者笔谈

十一日　晨，《国民新闻》记者野上（丰一郎）君来访，笔谈久许。《国民新闻》社长德富苏峰（猪一郎），彼国文豪也。野上君曾留学英国。作致陶俊人及田冈学士书，田冈君为十年前旧交，今卧病不能来谈，故以书问至，意殊拳拳可感也。午后至神田区佐久间町一丁目一番地金属版印刷合资会社，晤其社长七条恺君，观其刷印样本精绝。七条君属予作字，顷刻已印成，并留餐赠印谱一册。便道过村口书肆，见莲渔诗上钤井井居士印，询之店主，知竹添君老年售其书于松方伯，得价六千元，其尤精之本则尚未售也。

参观金属版印刷合资会社

十二日　晨，仪声、颂先、范△△来。十时，与涤青赴日文部省，晤冈田次官，归，发电本部。晚间与伏侯诣文求堂，见西京某氏所藏《日本书纪》一卷，唐代物也。书甚精，田中君言：傅氏所刻陶集残篇乃中村某所造，其字样则集之于宋本藏经。又见平子君所藏德人某所著《新疆古物记》，中载新疆古刻佛象人物乃一千九百○二年至三年，与且渠安周碑同出者。又前观德人印本安周碑，始晤末行所署年号乃泰平三年即太平真君也，此大快事！

十三日　日下部君来赠鹤毛笔二枝，鹤毫诗碑一纸，

1,6,13

鹤毫诗碑

谈久许。鹤毫诗碑上刻二诗，一、潇洒风神尘不侵，披霜唳月乃皋禽。修翎一片裁为笔，写出闲云万里心。二、宣城毛颖昔曾闻，翰墨霜翎新策勋。唤起坡仙挥健捥，应言野鹤出鸡群。作致斧上、子敬、次女、苌儿书兼寄像片。午后，公使及陈伯平、七条栗村河井仙郎来。晚间岛田翰、小林新六来谈。

十四日　晨，田中君来谈。午后，访河井君，出田中内相所藏《礼记疏》卷子本残字见赠，又示黄椒升续古印式二卷，甚精。同至神田区佐柄木町斋藤齿医院补齿，又至好古堂看书。晚岛田翰来，言愿介绍至宫内省看书，岛田住荏原郡下大崎三百六番地。

十五日　晨，林君泰辅，许叔玑、薛剑峰来。十时，与黄涤青同至文部省，晤冈田次官并至日本桥区菊池博士病院治喉。午后，诣斋藤处治齿。晚书扇。

德人所释误字甚多具录于此

十六日　晨，至菊池医院及斋藤齿科医院。午后校《且渠安周碑》，知德人所释误字甚多，具录于此：

（文第一行）原始兴于六度考终著乎慈悲，原误廉，考误孝。

（第二行）斋夷之韵　斋误齐。

（第三行）韬日月于方寸　韬误轴。

（第四行）亶禀正匾以洞照　匾误通。

（第五行）惧化功之不建　惧误擢。

（第六行）□□左右　误○○在若。　　大士运四摄以护持　摄误撮。

（第七行）断起灭以离尽　断误逝。

（第八行）慢者所以自惕　慢误悔　虽统天理物　虽误惟。

（第九行）虽抗𧫴于天衢　虽误惟　终顿驾于无择　顿误倾。

（第十一行）思不犨类　犨误集

（第十四行）扣之者鲜　扣误拟。

（第十五行）我见不断　断误逝。

（第十六行）自逐而臻臻　臻误珒　　补处之觉　处误虚　虽曰法王　虽误惟。

（第十七行）道与世与　与误兴　蔼蔼龙华　龙误职　寝斤侯聘　斤侯误介侯。

（第十八行）实天攸赞　攸误终。

（第十九行）稽率兜率　稽误真　　须达○○　须误顺。

（第廿行）应供虚衿　衿误矜。

（末行）御史索寗　寗误字　　共误三十字。

此碑连题及款二十行，行四十七字。德人所撰考证乃一千九百○七年出版。晚，印卿来谈。

赴宫内省图书寮看书

十七日　晨与伏侯诣宫内省图书寮看书，岛田君介绍也。馆员福井君（繇，字学圃，住四谷坂九番地）出接待，出示古卷子本四种，宋本十一种，宋拓碑三种（一、东坡书宸奎阁碑，二、宋高宗书佛顶光明塔碑，三、范石湖诗碑），皆日人浅野氏旧藏，尚有宋拓书谱，今归德富

1,6,17

苏峰。福井君出示《苏沈良方》，乃明本，中国久佚之书。观其书目，古本甚多，惜匆匆不及观。十一时答服部博士拜，服部言其国人欲开《论语》会，聚《论语》各古本，以供展览。午后，作致本部丞参书、刘总监督书及冈田次官书。下午诣斋藤处医齿。薄暮，岛田君来谈，言田中伯（光显）家藏至富，卷子本最多。《玉篇》一卷，《礼记》《世本古义》亦其所藏，今捐早稻田大学。又言其国有卷子本《世说新书》四卷，今藏三处，卷一藏田中伯家，一卷藏西京山田氏（永年），二卷藏神田氏（季岩）。又言彼国藏书家有岩崎文库、南葵文库（麻布区）、德川侯爵（名赖伦）、金泽文库、足利文库。又言老儒某藏《史记集解》单行本七十卷，乃宋本也。晚李君命三（滋然）来谈。 日本藏书家

十八日　晨，为胡星使作书跋。作家书及作民书。薄暮同伏侯访河井君，至文光堂、矶部屋书肆看书。

十九日　晨，中岛、岛田、田中三君来谈，青柳君（笃恒）来。余达夫来，为作诗序。午后，为高田等作书。河井君来谈，并赠拓本二种，殷拳可感，因与之同访德富苏峰，苏峰赠书二种、扇一，苏峰藏魏神□专，三井家藏苻秦白雀瓦萠。复同访藏泉家龟田氏，不遇。途中遇雨，归寓衣履皆湿，灯下为仲桓书箑。得家书及淮康信。

廿日　晨五时即兴，检行李。作致剑公信。岛田君来言宫内省四碑已与商允照。出宋本郎晔注《东坡经进文》六十卷及宋庆元本《史记》见示，并精绝。九时，诣早 访问早稻田大学

稻田大学校，晤青柳及市岛君，并出本校纪事等书见赠。纵观校中图书馆，有田中宫相所捐《丧服小记疏义》卷子，精绝。又见元至元间高丽三书。午刻返寓。得学部电，当与伏侯拟复电。申刻赴新桥车站，伏侯、映卿、涤青、田中、岛田、河井诸君相送至升车，德富苏峰遣其友代送。六时卅分开行。

廿一日　晨七时十分至西京，作民已在车站相迓，同至其寓晨餐。乃往拜狩野君，同至博物馆见《因果经》，精绝，陶价儿《书经》不及也。又见本愿寺僧大谷伯爵从新疆携归之壁画佛象，有大唐字。出院已午后一时。作民邀饮于东洋亭。餐毕至若林书肆看书，中岛货泉堂购古钱数枚。五时，霞飞来见。六时趁火车，作民相送至神户。九时抵田中旅馆。夜地震。

拜访汉学家狩野直喜

廿二日　以行李不至，初拟趁弘济丸行不果。午间，行李来已不及上船，乃改乘阿波丸行。午后三时上船，作致叶映卿书。九时开行。

廿三日　晨兴，风浪平静，作致公使、李星使、作民、俊人、命三、子期、涤青、田中、河井、平子、岛田、福井诸君信。午后三时抵门司，计行十八点钟。

廿四日　读《唐诗绝句选》及《寒山集》。午间十二时开行，风浪平静如昨。十时就寝。

廿五日　五时即兴。舟行略有簸动，然此船载重六千吨，故尚不甚觉，若在弘济，则恐难免晕矣。今日甚热，沪上想更不堪，夜不成睡。

1,6,26

抵吴淞

廿六日　四点钟起观日出，为云脚所遮，不能纵观。作谢德富苏峰书。八时抵吴淞，起行李入泰安栈。饭毕至广益，知子敬弟及章君庸夫在此，亟往二马路永利栈与相见，知王氏妹丧，肠痛如割。晚与庸夫、子敬、纬君、彭君心如、许君演同饮于九华楼，饮罢，移寓永利栈。晚访秋枚。得元本《尔雅注疏》。

廿七日　至泰安与纬君料理行李，托其携至都中。午后访穰卿。与庸夫等同至张园。薄暮，访庞芝阁，看其金石书。晚，子敬约予同饮于九华楼。作家书交纬君携都。今日奇热，头为涔涔作痛。

至张园

廿八日　寿丈来送行。秋枚、雪庐来。十一时赴车站，寿丈与庸夫相送，子敬弟与予同行。晚间八点钟到宁，寓大观楼。晤李氏妹。邀凤弟来谈至夜分。是日甚凉。

廿九日　晨，至裕成公司。同凤弟入城，游书肆，在厶新园午餐。午后至状元境购书数种，内有万拓坡遗著稿本数种，甚佳。

卅日　午前九时三刻趁小轮往太平看程氏女。午后五时抵太平，入署晤从周姻丈，九年不见，矍铄如昔，今年已七十有六矣。次女已孕五月，相见甚欢。

七月初一日　发家书。午后，从周丈设筵以待。与次女谈。

初二日　诣从周丈辞行。巳正，遣船送至金柱关。午刻登小轮。午后四时抵金陵，仍寓大观楼。舟中见黄者

舟中遇匪

满，昔日巨匪也，今为守备，已罢职，年七十一，尚有精悍之色。

初三日　作致杨子琴太守书，为子衡事也。午后看程斌如。晚与风洲作夜谈。

初四日返沪，十二点登火车。晚抵沪寓永利栈，在车中恶寒，到寓发热，服药而卧。

初五日　卧病一日。王雷复、王寿萱姻丈来谈。

初六日　热渐退，作家书及风洲书。日哺，又微热。

初七日　整理行装，热渐退。

初八日　晨入市购物，作致庸夫、子敬信。晚，穰卿来谈，寿丈来送行。晚餐后，与彭君入市购物。十一时，登新济船。

初九日　晨七时开行，过佘山，时舟微振动。

初十日　晚十时许，舟过烟台，未入港，风渐平。

十一日　天气渐爽，风浪平静。

附致刘总监督书

附致刘总监督书

幼云先生大人鉴：二十一日，寄奉一函，想达尊鉴。到东京后，连日淫霖，兼之各大学忙于毕业，农科校长约定阳历七月十五以后，乃能参观。以时日可惜，遂冒雨赴札幌，在途中往返六日，札幌亦雨。在札幌调查数日，所有条目之大者，略陈如下。又聘技师教习等事，亦缕陈一一。肃此虔请道安。

振玉谨呈

1,7,11

一、札幌大学至今均用美国教育法制，然自改大学后，精进无已。其科目今已改与驹场一律，惟兽医改为畜产，因兽医为畜产一部分偏而不全也。此札幌胜于驹场处。

一、札幌基本金至富，有农场八，约地积十七亿五百七十七万八千二百三十七坪，价格三十四万九千四百三十七元。每年收入农场利益十万元，每年经营费共二十万元，临时费则多寡不等，今年则为二万元。其每年所赢馀则积为公债，现其总额达五万一千五百七十馀元，其所收之利以充推广之用。 札幌调查所得

一、建筑费初为三十万元，每年增筑计六十万元。

一、该校农场尚有未垦辟者。该校长言再二十年农场尽辟，便不须文部省之岁费，此校遂独立矣。

一、该演习林凡三所，规模完善且宏大。三所相距颇远，盖演习林以寒温热三带均备为最善。此校偏北但有寒温两带耳，然较驹场弘大多矣。

一、该校功课至密，半日实习，半日讲演，此亦与驹场不同。驹场重学理，学生实习钟点不及四分之一，惟实科则第一年讲授多于实习，第二年讲授实习相等，第三年实习多于讲授，此亦两校不同之处。

一、该校有预科三年，预科毕业乃入专科，盖亦因各处高等名实不尽相副，学力不能齐等之故。在彼国教育有年尚不能不于本科之前设预科，我国今日欲废预科而尽以各省不尽画一之高等毕业生入学，其不能直接受学可预

卜矣。

一、该校附设选科与实科，一以养成大学教师之助手，一以养成实用之才，其意因但设本科，经费教员与增附此两科，其所费增损有限也。然则我国于本科之外宜设实科，一以图经济之利便，一以宽入学之资格，图受学者之增加，似不可不早计及也。

一、此次在西京晤前文相菊池校长，渠问我国学生定额之多寡，至对以因合格学生尚寡，故人数不多。菊池君言，大学初立，不可不严持年格，日本初立大学，实无一合格之学生，故初立大学时，学科既不完备，卒业成绩远逊于今日，然当是大人物多半出于此时，盖大学修业期仅三四年，教师但示以专门学之门径，而真正修学则在卒业以后，学生卒业令充教授，则凡有新理新说皆须参考。教授期内皆修学之时，而又加以社会之阅历，故成就自然远大。今贵国于学生毕业后，其任用之法多不就其所学而漫授以职务，虽卒业时有至高之成绩，亦日牿亡而已矣。故严入学之年格，不如定卒业后之任用。此论至精至确，菊池于教育行政阅历有年，方能作是语，不知我国能采用否耳。

真正修学在大学卒业以后

一、札幌大学长佐藤氏任用以来于今二十馀年，其教授如南（鹰次郎）、宫部（金吾）诸博士，在校亦垂二十年，任期既久，故学长与教授咸视校事如家事，此不仅该校为然，他学校亦如是也。

学长与教授咸视校事如家事

一、得部电，知聘技师事可照前函办理。兹先拟问文

1,7,11

部建筑科，与约会晤，尚未有定期。西京某博士须与面商。兹因　均大学从今日着手调查，俟与文部接洽后，若不能就绪，即亲赴西京与该博士见面，并面商一切。文科经科建筑似不须技师设计，因两科无特别之建筑，惟心理教室西京之式最佳，可仿照，除此一教室外，均无特别式样也。

一、教习一事，语文科须与经文两科（教心理伦理社会教育等学）或一科共聘文学士一人，现为省减计，先聘农艺化学士一人（已托松井学长）、理学士一人。矢部已询之八田博士（矢部乃其弟子），据云学问尚优，拟即遵，但月薪恐不能减少，俟复再详陈。

一、连日调查至忙，目力不足，但陈大略，并祈将各节代陈部中为叩，不及另作函也。

一九七九年二月廿六日据手迹缮录一过，继祖记。

罗振玉扶桑再游记

人名索引

五画

六画

七画

走向世界丛书一百种

初编三十五种以＊标出

谢清高 海录
＊ 容 闳 西学东渐记
＊ 林 鍼 西海纪游草
＊ 罗 森 日本日记
＊ 斌 椿 乘槎笔记
＊ 张德彝 航海述奇
＊ 王 韬 漫游随录
＊ 志 刚 初使泰西记
＊ 张德彝 再述奇（欧美环游记）
＊ 张德彝 三述奇（随使法国记）
王 芝 海客日谈
＊ 祁兆熙 游美洲日记
＊ 李 圭 环游地球新录
＊ 郭嵩焘 伦敦与巴黎日记
＊ 张德彝 四述奇（随使英俄记）
＊ 黎庶昌 西洋杂志
＊ 刘锡鸿 英轺私记
李凤苞 使德日记
钱德培 欧游随笔
＊ 何如璋 使东述略及杂咏
＊ 张斯桂 使东诗录
黄遵宪 日本国志
＊ 黄遵宪 日本杂事诗〔广注〕
陈兰彬 使美纪略
＊ 曾纪泽 出使英法俄国日记
＊ 王 韬 扶桑游记
＊ 徐建寅 欧游杂录
谭乾初 古巴杂记
王之春 谈瀛录
＊ 李筱圃 日本纪游
池仲佑 西行日记
蔡 钧 出洋琐记
袁祖志 瀛海采问纪实
张祖翼 伦敦竹枝词
王以宣 法京纪事诗
潘飞声 西海纪行卷
潘飞声 柏林竹枝词
潘飞声 天外归槎录
张荫桓 三洲日记
邹代钧 西征纪程
王咏霓 道西斋日记
张元济 环游谈荟
余思诒 楼船日记
缪祐孙 俄游汇编
张德彝 五述奇
＊ 傅云龙 游历日本图经馀记
傅云龙 游历美加等国图经馀记
洪 勋 游历闻见录
崔国因 出使美日秘国日记
＊ 薛福成 出使英法义比四国日记
＊ 薛福成 出使日记续刻
陈道华 日京竹枝词

严　修 **东游日记**
姚鹏图 **扶桑百八吟**
凤　凌 **游馀仅志**
* 黄庆澄 **东游日记**
吴宗濂 **随轺笔记**
宋育仁 **泰西各国采风记**
王之春 **使俄草**
伍廷芳 **美国视察记**
* 蔡尔康等 **李鸿章历聘欧美记**
张德彝 **六述奇**
刘学询 **考察商务日记**
黄　璟 **考察农务日记**
罗振玉 **扶桑两月记**
罗振玉 **扶桑再游记**
丁鸿臣 **东瀛阅操日记**
沈翊清 **东游日记**
* 梁启超 **新大陆游记**
张德彝 **八述奇**
载　振 **英轺日记**
吴汝纶 **东游丛录**
双　寿 **东瀛小识**
缪荃孙 **日游汇编**
周学熙 **东游日记**
* 单士厘 **癸卯旅行记**
凌文渊 **籥盦东游日记**
张　謇 **癸卯东游日记**
蒋　煦 **西游日记**
王景禧 **日游笔记**
陈　琪 **环游日记**
* 康有为 **意大利游记**
康有为 **德意志等国游记**
康有为 **英国游记**
* 康有为 **法兰西游记**
韩国钧 **实业界之九十日**
李濬之 **东隅琐记**
盛宣怀 **愚斋东游日记**
* 戴鸿慈 **出使九国日记**
金　鼎 **随同考察政治笔记**
* 载　泽 **考察政治日记**
程　淯 **丙午日本游记**
康有为 **西班牙等国游记**
杨泰阶 **东游日记**
文　恺 **东游日记**
左湘钟 **东游日记**
吕珮芬 **东瀛参观学校记**
* 林汝耀 **苏格兰游学指南**
* 单士厘 **归潜记**
金绍城 **十八国游记**
附 艾儒略 **职方外纪**
附 南怀仁 **坤舆图说**
附 丁韪良 **西学考略**
附 艾约瑟 **西学启蒙**

图书在版编目(CIP)数据

考察商务日记/(清)刘学询著. 考察农务日记/(清)黄璟著.
扶桑两月记/(清)罗振玉著. —长沙:岳麓书社,2016.9
(走向世界丛书/钟叔河主编) 本书与“扶桑再游记”合订
ISBN 978-7-5538-0660-0

Ⅰ.①考... ②考... ③扶... Ⅱ.①刘... ②黄... ③罗...
Ⅲ.①日本—近代史—史料 Ⅳ.①K313.4

中国版本图书馆 CIP 数据核字(2016)第 189761 号

KAOCHA SHANGWU RIJI KAOCHA NONGWU RIJI
FUSANG LIANGYUEJI FUSANG ZAIYOUJI

考察商务日记·考察农务日记·
扶桑两月记·扶桑再游记

作　　者:刘学询　黄　璟　罗振玉
校 点 者:周功君
责任编辑:杨云辉
责任校对:舒　舍
封面设计:吴颖辉　贺红梅

岳麓书社出版发行
地址:湖南省长沙市爱民路 47 号
直销电话:0731—88804152　88885616
邮编:410006
岳麓书社网址:www.yueluhistory.com
2016 年 9 月第 1 版第 1 次印刷
开本:890×1240　1/32
印张:6.375
字数:142 千字
印数:1—3 000
ISBN 978-7-5538-0660-0
定价:35.00 元
承印:长沙超峰印刷有限公司

如有印装质量问题,请与本社印务部联系
电话:0731—88884129